Sœur Emmanuelle,
mon amie, ma mère

Ouvrages de sœur Emmanuelle
parus aux Presses de la Renaissance

Mon testament spirituel, 2008.
365 méditations de sœur Emmanuelle, 2008.
Une année avec sœur Emmanuelle, 2009.

Sœur Sara
Avec Sofia Stril-Rever

Sœur Emmanuelle, mon amie, ma mère

Ouvrage réalisé
sous la direction éditoriale d'Alain NoËL

www.presses-renaissance.com

ISBN 978.2.7509.0539.2
© Presses de la Renaissance, Paris, 2009.

À tous ceux qui ont comblé ma vie :
Mgr Athanasios, sœur Emmanuelle,
les chiffonniers, mon amie Zette et mon frère Jean.

« L'amour est un feu qui vient de Dieu, ce feu ne peut s'éteindre.
Dieu, avec moi, je peux tout !
C'est Lui qui est fou ! Chacun est appelé à la folie de l'Amour.
C'est merveilleux de se laisser posséder par cette folie d'Amour. »

Sœur Emmanuelle

I
Je te connais depuis toujours

1

Notre rencontre

Couvent de Béni Suef, novembre 1975

À Béni Suef[1], dans la congrégation de Banat Maryam, les Filles de Marie sont très affairées en cette fin de matinée. C'est un samedi, jour où chacune de nous doit ranger et nettoyer de fond en comble le couvent aux murs clairs. La grande bâtisse blanche, aux proportions harmonieuses, fait face à l'évêché. On y entre par un portail en fer forgé et, sous des arceaux de chèvrefeuille, on traverse une cour ombragée en direction d'une terrasse où les sœurs entretiennent avec amour les fleurs et les arbustes qui s'épanouissent à profusion le long de la vallée du Nil : hibiscus, lauriers-roses, mimosas,

---

1. Ville de 500 000 habitants située à 125 kilomètres au sud du Caire, sur les bords du Nil.

flamboyants et bougainvillées luxuriantes que j'aime tant à l'époque de leur floraison, l'été, quand elles se transforment en coulées de fleurs blanches ou violettes. Dans des pots en terre, nous faisons pousser des marguerites, des roses, des capucines et des pensées multicolores. Comme l'hiver arrive, nous avons taillé, émondé et semé, en attendant de voir le jardin revivre dès les premières montées de la sève, dans la tiédeur de février.

J'ai ouvert les fenêtres de l'escalier que je lave à grande eau. Je sens l'air frais sur mes bras nus et mes mains mouillées. Je frotte vigoureusement les marches car j'aime prendre soin de notre maison qui est aussi la maison du Seigneur. Tout en travaillant, je récite intérieurement les courtes prières de louanges qui accompagnent mes activités quotidiennes. Le dialogue avec Jésus est ininterrompu dans ma vie de religieuse et il remplit mon cœur de joie.

Il me reste encore les marches du premier étage et la salle commune au rez-de-chaussée. Je regarde ma montre. Déjà 11 heures. Je dois me dépêcher car à midi nous avons une messe à la chapelle. C'est alors que le concierge m'appelle. J'entends aussi une jeune fille qui s'adresse à lui avec autorité. Des pas se rapprochent.

Je me retourne.

Notre rencontre

La rencontre avec toi a d'abord été une surprise. Je n'en reviens pas. Tu es jeune et vieille à la fois. Ton visage est parcouru de rides innombrables mais ta voix a une fraîcheur juvénile. C'est quasiment une voix de petite fille. Et tes yeux bleus brillent de la spontanéité qui n'appartient qu'aux enfants. Tu rayonnes de joie et je me dis que tu parais trop jeune pour être vieille dans ta blouse grise, un foulard gris sur la tête.

Sur la médaille d'argent suspendue à ton cou, je reconnais les initiales *NDS*, pour « Notre-Dame de Sion », un ordre religieux d'enseignantes catholiques. Stupéfaite, je t'entends me dire en français de ta voix haut perchée :

— Bonjour, ma sœur !

Ton sourire appelle mon sourire :

— Bonjour, ma sœur ! Soyez la bienvenue chez nous !

Tu me questionnes :

— Ma sœur, avez-vous reçu ma carte ?

— Non, ma sœur. Quelle carte ?

— Je m'appelle Emmanuelle. Il y a deux semaines, j'ai écrit à votre communauté. Je vous demandais la permission de venir passer quinze jours avec vous, car j'ai entendu dire que vous faites partie d'un ordre de sœurs actives dans l'Église copte orthodoxe. J'ai eu envie de mieux vous connaître et je désire pratiquer et perfectionner mon arabe auprès de vous. Je voudrais m'entretenir avec la supérieure de votre congrégation.

Je demeure interdite quelques instants. Sœur Emmanuelle, c'est donc elle ? Il semblerait que oui. Car c'est bien une religieuse de Notre-Dame de Sion qui s'adresse à moi. J'hésite à lui poser la question de manière abrupte. Nous avons entendu parler de la sœur des chiffonniers qui s'est établie depuis quelques années dans un quartier de parias au Caire. J'avais même souhaité la rencontrer pour mieux comprendre son engagement qui étonnait tout le monde. Jamais je n'aurais pu imaginer qu'elle se présenterait un jour devant moi, qui plus est pour apprendre l'arabe dans ma communauté.

Ta visite impromptue m'intrigue, mais je suis conquise par ta manière franche et directe, ton apparence simultanément jeune et âgée, ton énergie débordante que rien ne semble pouvoir arrêter :

— Je suis Sara, la supérieure. Nous sommes une petite communauté de trente religieuses, que j'ai été la huitième à rejoindre. Et vous avez raison, la congrégation des Filles de Marie, fondée par Mgr Athanasios, est un ordre actif. C'est avec grand plaisir que je vous accueille dans notre couvent. Si vous voulez, vous pouvez partager quelques jours avec nous et vous installer ici.

Tandis que je prononce ces paroles, une étincelle s'allume dans ton regard. Comme si, toi aussi, Emmanuelle, de ton côté, tu étais surprise. Plus tard, je comprendrai. Tu m'expliqueras que, dans ta congrégation, il est impensable qu'une supérieure s'occupe de tâches ménagères. Et tu t'es réjouie parce que tu as senti que, malgré mon rang, je ne voulais pas être servie par les autres, mais au contraire me mettre à leur service. J'estime aujourd'hui encore que les responsabilités donnent des devoirs plutôt que des droits. Sur le moment, je ne saisis pas toutes tes pensées mais je perçois d'emblée une grande complicité entre nous.

Un sentiment de familiarité renforce cette impression. Tu es une inconnue. Cependant, j'ai la certitude de te connaître depuis toujours. Tu me rappelles une religieuse, mère Henri-Adalbert, d'origine américaine, qui enseignait à l'école française de Saint-Joseph, à Minieh, où j'ai appris ta langue. C'était alors celle de l'élite, avant qu'elle ne soit remplacée par l'anglais. Cette femme de tête avait, comme toi, une allure décidée, un front dégagé, des yeux bleus et des traits saillants. Mais je pressens aussi que nous sommes unies par quelque chose de plus profond que la ressemblance avec une maîtresse d'école de mon enfance – cela, j'apprendrai à le découvrir peu à peu.

Pour l'instant, je propose de te conduire dans la chambre où tu peux loger aussi longtemps que tu le souhaites et, de nouveau, j'observe qu'une joie d'enfant vient éclairer ton visage parcheminé. Tu es ravie et acceptes mon invitation avec empressement. Ton enthousiasme est communicatif, il fait fondre mon cœur. En ta présence, je me sens heureuse. Comblée.

Je t'introduis dans une petite chambre voisine de la mienne, très claire. Je tire les rideaux, ouvre les persiennes, et la lumière du soleil coule à flots dans la pièce, meublée avec simplicité : un lit de fer étroit, à la couverture de laine épaisse marron sur des draps de coton blanc, une petite table et une chaise en bois. Tu me remercies comme si je t'avais invitée dans le plus beau des palais et tu m'embrasses avec effusion.

J'aimerais rester avec toi, prolonger ces instants. Mais je dois te quitter pour finir mon travail à temps, avant le début de notre célébration. Tu demandes alors que je vienne te chercher pour partager la prière de ma communauté. Tu insistes d'un ton impérieux :

— Ma sœur, promettez de ne surtout pas m'oublier !

Je me dis que, décidément, sous le poids des ans, tu as gardé en toi une petite fille bien autoritaire. Il doit être difficile de te dire non ! Mais je n'ai pas l'idée de te contrarier. Ta demande me va droit au cœur. C'est la première fois qu'une religieuse catholique romaine manifeste un désir aussi vif de se joindre à notre prière.

Je ne vois plus guère les dernières marches de l'escalier ni les dalles bleutées de la salle d'entrée. C'est toi, sœur Emmanuelle, qui occupes toutes mes pensées. Je me demande si tu vas aimer notre liturgie. J'ai peur que tu ne la trouves trop longue, que tu ne t'ennuies à écouter ces prières récitées en arabe, une langue que tu connais peu. J'ai juste le temps de ranger le seau et la serpillière pour courir prévenir mes sœurs. Elles sont aussi étonnées que moi. Nous décidons de t'installer à la place d'honneur. Tandis que sœur Fayza sonne la cloche pour la prière, je vais te chercher le cœur battant.

Tu t'appuies à mon bras pour descendre l'escalier, non sans me féliciter. Tu t'extasies devant sa propreté. Lorsque je te présente mes sœurs, tu fais une fête à chacune d'elles. Tes paroles éveillent des sourires, car tu nous dis des mots d'arabe avec un accent amusant. Mais c'est surtout une tendresse débordante que tu nous communiques.

Chère sœur Emmanuelle, plus de trente ans ont passé. Pourtant, je ressens encore la même émotion qu'à l'époque où je t'observais du coin de l'œil dans notre chapelle. Et j'en ai les larmes aux yeux. Est-ce que je t'ai assez dit à quel point ta présence parmi nous fut une source de joie dans la communauté ? Nous sentions que tu étais là, avec nous, pour prier. Et moi, plus particulièrement, j'ai compris que nous aimions le même Christ. Jésus était présent ce jour-là, d'une manière spéciale, au couvent des Filles de Marie.

J'ignore si j'ai réussi à t'exprimer toute ma reconnaissance de ton vivant. Mais je sais que tu m'écoutes aujourd'hui et dans ce dialogue entre nous qui ne s'est jamais interrompu, je voudrais encore te remercier d'avoir illuminé mon cœur.

Ce matin-là, ma vie venait de basculer.
Plus rien ne serait comme avant.

Tu ne cesses de nous surprendre

Après la prière, nous t'invitons à partager notre repas au réfectoire. Nous avons préparé des mets simples, typiquement égyptiens, car nous ne t'attendions pas. Mais tu te régales avec les *baba-ghanouk* dont tu vantes les moelleuses aubergines écrasées dans la pâte de sésame, les feuilles de vigne farcies et le *foul moudammas*, notre plat national de fèves que je te sers dans une galette chaude, en l'assaisonnant d'un filet de citron. Quand Anasthasia, notre novice, t'offre le

Notre rencontre

kochari de macaronis et lentilles brunes à la sauce tomate qu'elle a cuisiné, tu te répands en compliments. Après l'avoir goûté, tu applaudis, l'air réjoui. Tu veux absolument en connaître la recette. Et tu répètes sans arrêt des *Shokran ketir*, « Merci beaucoup », qui font fuser nos rires en cascade. Une animation inhabituelle règne dans la communauté. Je remarque ta capacité d'attention à l'autre qui me surprend. En chacun tu perçois le meilleur et tu n'as aucune réticence à le dire. Sous ton regard bleu, si clair, il me paraît que moi aussi je pourrais devenir meilleure. Cette faculté que tu as ne peut découler que d'une immense bienveillance, d'un cœur totalement donné.

Pendant ce premier repas partagé, tu n'as cessé de nous surprendre. Je ne savais pas encore que chaque jour auprès de toi serait une surprise renouvelée, mais je me dis que je n'ai jamais rencontré personne comme toi. Mes sœurs partagent cette impression et quand tu déclares à quel point tu as aimé les prières du matin, en exprimant le souhait qu'on en fasse ensemble la traduction, j'accède aussitôt à ta demande. Je t'offre d'ailleurs un livre d'heures. Il est en arabe, avec une colonne centrale en caractères grecs, une langue que tu as étudiée dans tes jeunes années et un peu oubliée. Mais tu déchiffres très bien le texte et l'annotes avec application. Tous les jours, pendant les deux semaines que tu passeras dans notre communauté, j'ai eu la joie de t'apprendre à lire la langue de mes prières.

Les larmes me montent aux yeux quand je repense à ces heures où nous étions penchées sur le livre des Saintes Écritures, qui est devenu le tien. Je l'ai gardé comme un objet précieux, un souvenir irremplaçable de notre rencontre qui changea ma vie. Je l'ouvre parfois et l'intensité de notre échange spirituel est encore aujourd'hui source d'inspiration. J'aime revoir ton écriture fine que j'ai du mal à lire maintenant que ma vue a baissé. Mais dans le tracé de ces lignes manuscrites, je reconnais l'élan de ton cœur. Nous étions unies sous le regard d'amour de Jésus et je suis persuadée que ce partage autour de sa parole a été une bénédiction immense pour toutes les deux. C'est sans doute en ces heures-là que s'est scellé notre destin.

Toi, l'étrangère, proche de l'humanité qui souffre

Je ne suis pas surprise de t'entendre confirmer que tu es bien la sœur Emmanuelle du bidonville d'Ezbet-el-Nakhl dont j'avais entendu parler. Toi l'étrangère au teint clair et aux yeux bleus, la catholique romaine, tu as osé faire ce que nous, coptes égyptiennes, n'avions pas imaginé entreprendre dans notre pays.

On est en 1975 et, depuis quatre ans, tu vis dans un bidonville dont les ruelles ne sont que des tas d'immondices. Je te regarde avec admiration et émotion. J'ai souvent les larmes aux yeux en t'écoutant. Dans ces moments-là, tu parles plus lentement et tu me dévisages avec une grande douceur. Je vois en toi le témoin du Christ, l'incarnation de la pauvreté évangélique. La vraie. Celle qui se vit hors des cloîtres, dans un cœur à cœur avec l'humanité qui souffre.

Ta congrégation ne te donne que dix dollars par mois pour vivre. Tu les partages avec les plus démunis et tu habites une cabane sans eau ni électricité. Alors que tu as plus du double de mon âge, 67 ans, alors que tu parles très mal l'arabe, tu as pris la décision incroyable de quitter la sécurité de ton couvent pour vivre avec des laissés-pour-compte que tout le monde assimile à des assassins, des voleurs, des fumeurs de haschich, que sais-je encore ?

Pourtant, quand tu parles d'eux, tu dis qu'ils sont tes frères et sœurs. Tu sais les regarder avec le regard d'amour de Jésus. Tu sais reconnaître le visage du Christ sur leurs pauvres visages que la vie éprouve. Tu les aimes. Je sens que tu vibres d'un amour inconditionnel en Jésus, notre Seigneur. Mais tu n'as pas la moindre prétention. Au contraire. Avec des expressions amusantes, tu nous racontes en riant aux éclats des anecdotes drôles sur ta vie de tous les jours. Tu n'as pas l'air de réaliser les choses extraordinaires que tu accomplis. Loin de te prendre pour une sainte, tu aimes exposer tes défauts avec application. On a l'impression que tu prends plaisir à en rajouter, comme si tu voulais te convaincre que les autres sont meilleurs que toi.

À travers ce que tu relates à leur sujet, on devine les compagnons de ton quotidien. Tu les présentes comme les plus excellents d'entre les hommes, dotés de qualités non ordinaires. Il y a Labib, qui te prête la cabane où tu vis. Avant toi, il y élevait des chèvres et des pigeons. Malaka, sa femme, et leurs cinq enfants. Souad, la jeune fille qui t'aide pour les cours d'alphabétisation. Et tant d'autres que tu portes dans ton cœur.

Toi qui ne parles pas couramment l'arabe, tu donnes des cours d'arabe. Tu apprends à des enfants, des femmes et des hommes comment on tient un crayon pour former des lettres sur une feuille de papier propre et blanc. Un luxe dans un bidonville ! Tu leur communiques une fierté nouvelle. Grâce à toi, certains savent désormais lire et écrire leur nom. Ils redressent la tête et font envie aux autres.

Tu es particulièrement attentive aux enfants car tu les considères comme l'avenir du bidonville.

J'essaie d'imaginer ta vie au jour le jour, mais j'ai du mal. Je suis dépassée par la puissance de ce que tu portes. Je comprends qu'après t'avoir rencontrée, je ne pourrai plus t'oublier. Je te pose mille questions, tu apprécies mon intérêt et prends le temps de me répondre en profondeur. Tu me questionnes à ton tour sur mon engagement dans la vie religieuse. Je me sens bien petite à côté de toi.

Une communion d'âme

Nos conversations se prolongent une partie de la nuit car tu n'as pas sommeil. C'est moi qui finis par te quitter, épuisée, vers 2 heures du matin. Tu débordes d'un enthousiasme inépuisable. Tu sembles avoir la vitalité des enfants dans la fragilité d'un corps de vieillard. Non seulement tu partages notre liturgie, mais pour rien au monde tu ne voudrais ignorer les activités de la communauté.

Tu veux participer à toutes, tout savoir de nous. Tôt levée pour nos prières qui commencent à 4 h 30, tu nous accompagnes ensuite au jardin d'enfants. Tu aimes accueillir les petits et parler avec leur mère. Chaque personne rencontrée te captive. Tu poses sur les uns et les autres un regard intense qui établit une communion d'âme. Aucun détail ne te laisse insensible mais tu reviens toujours à l'essentiel, à ce besoin d'aimer et à la source de l'amour qui est en Dieu.

Bientôt, ni la garderie, ni l'asile de vieillards, ni le club de couture, ni le centre professionnel pour les garçons n'ont de secret pour toi. Tu accompagnes les sœurs dans le bus qui, chaque jour, les dépose dans les villages proches de Béni Suef, où elles font un travail social, que ce soit à l'asile de vieillards de Samalout ou à l'ouvroir et au dispensaire d'Hélouan. Il semble que rien ne te demande d'effort insurmontable, tu sais te montrer disponible et tout t'intéresse. Tu poses question sur question aux Filles de Marie qui apprennent la cuisine, la couture, la broderie, la toilette, l'hygiène et des rudiments d'alphabet aux paysans de cette région rurale de Moyenne-Égypte.

Le soir, tu reprends le bus en compagnie des religieuses qui rentrent au couvent, leur tâche de la journée accomplie. Au dîner, les conversations sont animées, tu commentes avec nous les événements de la journée. Tu te passionnes pour un enfant hospitalisé, un vieillard en fin de vie, une femme à l'histoire dramatique.

Tu es la sœur de chacun et chacune.

Tu es ma sœur.

Mgr Athanasios

Je t'avais longuement parlé de Mgr Athanasios, le métropolite de Béni Suef, originaire de Mahala-el-Kobra, grande ville du Delta, proche d'Alexandrie. On lui doit d'avoir introduit une véritable innovation dans nos traditions. Depuis l'aube du monachisme en Égypte comme dans tout le Moyen-Orient, on ne pouvait imaginer qu'une femme consacrée à Dieu aille travailler dans des quartiers malfamés. Toutes les religieuses des ordres coptes devaient être des contemplatives cloîtrées, passant leur vie au couvent à prier le Seigneur.

Mgr Athanasios dut lutter contre les mentalités avant de pouvoir fonder, en 1965, Banat Maryam, une congrégation de religieuses qui œuvrent dans le siècle au service des plus démunis. Ce jeune évêque visionnaire, en plus des six couvents de contemplatives du Caire et de Damiette, ouvrit celui de Béni Suef. Nos activités ne cessèrent de s'étendre en direction de l'asile de vieillards, du dispensaire, de l'orphelinat, d'une pouponnière et d'un centre de formation pour les villageoises. Une trentaine de religieuses s'y dévouaient quand je fus nommée supérieure générale, en raison de mes qualifications d'infirmière et de gestionnaire.

Mgr Athanasios ne se contentait pas d'être le fondateur de notre congrégation, il en était surtout le père spirituel et attentif. Plus tard, chaque fois que je l'appellerai au bidonville, il nous rendra visite. Son intervention fut parfois providentielle. Nous avions toutes sortes de problèmes à résoudre car les bases de notre vie étaient très précaires. L'exemple le plus frappant dont je me souviens concerne l'école du Mokattam, envahie par les scorpions des collines avoisinantes. C'était une espèce au venin mortel particulièrement dangereux pour les enfants. J'expliquai la situation à Mgr Athanasios et il me dit sans plus de commentaire :

— Apporte-moi un verre d'eau !

Il récita quelques prières, bénit l'eau et m'ordonna :

— Demain, tu vas asperger les classes et la cour avec cette eau.

Depuis ce jour, nous n'avons jamais revu de scorpions dans les parages.

Mystère de Dieu !

Puissance de la foi d'un homme profondément croyant !

Sans lui, nous n'aurions jamais résisté aux difficultés de la tâche entreprise et aux critiques de ceux qui acceptaient mal de voir des femmes se consacrer à la vie religieuse hors de leur couvent.

L'initiative de Mgr Athanasios a été bénéfique car d'autres évêques suivirent son exemple en créant de nouveaux ordres de sœurs actives qui attirent beaucoup de vocations. Nous sommes cent cinquante sœurs de Banat Maryam actuellement en Égypte. Le noviciat compte des dizaines de jeunes filles désireuses de se dévouer à Dieu et aux pauvres. Elles ont souvent un niveau d'études universitaires.

L'âme égyptienne a toujours été tournée vers le sacré. Et les chrétiens d'Égypte forment leurs enfants à la pratique religieuse. Il n'y a pas d'athées dans notre pays. Dieu est présent toute la journée dans les familles, où on le prie ensemble. Cette tradition se perd sans doute un peu à notre époque, car les enfants sont collés devant la télévision ou l'ordinateur, de sorte qu'il y a moins de dialogue dans les familles. Mais on ne constate pas une baisse de vocations, ni chez les hommes ni chez les femmes. Au contraire, les ordinations de sœurs actives sont de plus en plus nombreuses.

J'étais très reconnaissante à Mgr Athanasios des orientations nouvelles qu'il avait apportées parmi les coptes et je le considérais comme mon père spirituel, puisqu'il m'avait ordonnée religieuse en 1970, à 24 ans. C'est à lui que je dois le nom de Sara. Tu pensais que Sara voulait dire « Princesse », c'est en effet son sens en hébreu. Quand je t'appris qu'il signifiait « Celle qui apporte le bonheur » dans notre langue copte, tu t'exclamas que ce nom était fait pour moi, que j'étais le visage du bonheur.

Tu avais demandé à rencontrer Mgr Athanasios, mais il s'était absenté pour une dizaine de jours. Ses occupations étaient multiples. Il était non seulement le métropolite de Béni Suef et le fondateur des Filles de Marie, mais aussi un membre éminent du Conseil œcuménique et du synode qui rassemblait les évêques sous l'autorité du patriarche. Il occupait également une chaire de professeur à l'université théologique du Caire, ce qui expliquait ses nombreuses absences. Dès son retour, je t'introduisis auprès de lui.

Alors âgé d'une cinquantaine d'années, le visage allongé, émacié sous son turban de soie noire à coiffe amarante, il avait des yeux très doux derrière ses lunettes fumées. C'était un homme de prière d'une grande bonté, avec un esprit large, résolument moderne. Il entendait non seulement mettre l'Église d'Orient au service des pauvres, mais aussi rapprocher les Églises chrétiennes. Ouvert au dialogue interconfessionnel, il estimait qu'il fallait dépasser les querelles théologiques, datant du concile de Chalcédoine, qui, à partir de 451, avaient trop longtemps déchiré les disciples du Christ. Il voulait retrouver les fondamentaux chrétiens unissant coptes et catholiques, d'autant que l'Égypte avait vu naître toutes les formes de vie religieuse dont s'inspire l'Église romaine : les ermites avec saint Antoine, le cénobitisme avec saint Pacôme, les anachorètes avec saint Paul de Thébaïde en Haute-Égypte et tant d'autres.

Dans un esprit œcuménique, il aimait aussi les musulmans et il était aimé d'eux, car ce n'était pas un fanatique. Le jour de son décès, beaucoup de musulmans se joignirent à nos prières.

Nous, les Filles de Marie, étions confites de dévotion devant ce théologien érudit et ce grand priant. Mais en sa présence, toi, tu conservas ta liberté d'allure et de ton coutumière. Nous baissions les yeux en face de lui, mais tu le fixas de ton regard qui exprimait si bien ta soif d'absolu. Tu le fis rire avec tes mots d'arabe prononcés à la française car tu ne réussis jamais à articuler nos consonnes gutturales. Tu te lanças dans des compliments dithyrambiques sur les Filles de Marie et sur moi qui me firent rougir. Puis tu le grondas de ne pas t'avoir donné la communion à la messe. Tu expliquas que les catholiques acceptaient les coptes à la Sainte Table, alors pourquoi n'y avait-il pas de réciprocité ? Mgr Athanasios sourit, s'excusa même de ne pouvoir changer pour toi les traditions établies :

— Le peuple ne comprendrait pas que je donne la communion à une religieuse catholique romaine. Mais un jour prochain, nous pourrons tous communier ensemble. Il faut d'abord pour cela élargir les mentalités.

Sœur Emmanuelle, mon amie, ma mère

Je sentis Mgr Athanasios très heureux de faire ta connaissance. Car il avait entendu parler de ton œuvre au service des chiffonniers du Caire. Il te demanda des détails et approuva chaleureusement ce que tu avais déjà réalisé.

Vous aviez un ami commun en la personne de Mgr Egidio Sampri, évêque catholique romain d'Alexandrie. De parents italiens, mais né en Égypte, il s'entendait à merveille avec Mgr Athanasios. Je le connaissais un peu car il était venu le visiter une fois dans notre couvent de Béni Suef, alors qu'il traversait la Moyenne-Égypte en pèlerinage sur les lieux d'apparitions mariales. Ces deux hommes s'entendaient comme des frères, unis par l'amour du prochain et la compréhension mutuelle, très motivés par le rapprochement de nos Églises.

Tu connaissais Mgr Egidio parce que, avant de t'installer au bidonville d'Ezbet-el-Nakhl, tu avais enseigné au couvent Notre-Dame de Sion à Alexandrie pendant cinq ans. Tu aimais cette ville de culture méditerranéenne gréco-latine, dont le phare, dernière merveille du monde, eut l'étrange destin d'abriter les Septante, réunies pour une première traduction de la Bible en langue grecque à la demande de Ptolémée. Plus tard, nous y rencontrerons ensemble Mgr Egidio, chez lui, et il nous dira que nous avons fait avancer de trois siècles le dialogue entre nos deux traditions. Sans le savoir, nous avions ainsi rattrapé le retard qui s'était creusé entre coptes et catholiques, séparés depuis le IIIe siècle. Tu diras souvent que ce rapprochement était la chose la plus magnifique de notre œuvre.

Je ne me doutais pas que ta visite d'alors à Béni Suef était le préliminaire à ce pas de géant que nous nous apprêtions à accomplir toutes deux.

Une fois l'entretien terminé, je te raccompagnai dans ta chambre et retournai voir Mgr Athanasios. Il me dit que je devais aller te rendre visite au bidonville d'Ezbet-el-Nakhl et satisfaire toutes tes demandes pour soutenir ton action. Mais à ce moment-là, si je comprenais que nous étions appelées à nous revoir, j'avoue que je ne m'attendais pas à ce que nous travaillions ensemble pendant les dix-huit prochaines années.

Le secret du cœur de Jésus

— Sœur Sara, quand viendras-tu me rendre visite chez les chiffonniers ?

Ta question fusa un matin. Je m'y attendais. Tu la formulas avec un regard qui me transperça. Je n'étais pas encore habituée à tes yeux qui mettaient mon cœur à nu et me poussaient dans mes derniers retranchements. En face de toi, il n'y avait pas de demi-mesure possible, pas de place pour l'ombre. Aucune échappatoire. Notre relation serait un partage de vérité dans une transparence d'âme.

Je bredouillai, sans trouver mes mots :

— Bien sûr, sœur Emmanuelle, je viendrai prochainement.

Soudain, je me sentis perdue. J'étais à une croisée des chemins depuis ces quinze jours avec toi. Sans le savoir, je m'étais engagée sur une nouvelle voie. Mais je ne l'avais pas encore réalisé, pas encore accepté. Devant mon embarras, tu devins plus explicite. Je n'avais pas saisi le fond de ta demande. Il ne s'agissait pas seulement de passer te voir, mais de s'engager auprès de toi :

— Sara, j'ai besoin d'une sœur égyptienne capable de venir m'aider. Lorsque je t'ai vue en train de laver les escaliers, j'ai pensé que tu étais celle que je cherche. Parce que tu as la capacité d'organisation qui te permet d'être la supérieure de ta communauté, responsable des autres, mais que tu as aussi l'humilité de te mettre à leur service.

C'était donc cela l'éclat que j'avais perçu dans ton regard, tandis que j'essorais la serpillière sur l'escalier à l'entrée de notre couvent. Ton étonnement en réponse au mien, ce dialogue sans paroles entre nous et soudain le non-dit qui se

formulait. Ma vie n'était plus ici au couvent des Filles de Marie, à Béni Suef, mais auprès de toi, sœur Emmanuelle, à Ezbet-el-Nakhl. Car tu travaillais dans l'intimité du cœur de Jésus et c'est ce secret que je percevais soudain. Ce secret qui brillait dans l'absolu de ton regard si bleu, couleur du ciel. Je m'entendis répondre :
— Si c'est la volonté de Dieu, je veux bien m'installer au bidonville avec vous, sœur Emmanuelle. Mais il faut d'abord prier pour en être sûre et nous devons demander la permission à Mgr Athanasios.

Les palmiers s'inclinent devant les êtres saints

Chère sœur Emmanuelle, tu n'es pas repartie seule du couvent des Filles de Marie à Béni Suef. Tu nous avais tellement impressionnées que nous avons été cinq sœurs de notre congrégation à t'accompagner, avec la bénédiction de Mgr Athanasios. Nous avons pris le train ensemble pour Le Caire et notre destination était ta cabane, dans le camp de chiffonniers d'Ezbet-el-Nakhl. Ce nom signifie « La Palmeraie ».

Le palmier ! J'aime cet arbre élancé, partout présent dans le paysage égyptien, dont les branches poussent en hauteur et se découpent de manière très graphique sur la face du ciel, en particulier lorsqu'il se nimbe de rose et d'or, à l'aurore ou au crépuscule. La souplesse du palmier est légendaire. Il est adapté à son milieu et plie sous les tempêtes du désert. Le vent souffle parfois avec furie à travers ces étendues désolées où aucun relief ne l'arrête.

On dit dans notre tradition que les palmiers s'inclinent devant les êtres saints. Dans le train qui m'emporte vers un nouveau destin que je pressens sans le discerner clairement, je pense que certains palmiers du bidonville te saluent à ton passage, sœur Emmanuelle. Les arbres des pharaons rendent hommage à l'étrangère, venue des brumes et des frimas de sa lointaine Belgique dans les chaleurs et les sables de l'Égypte, pour y vivre pleinement le mystère de l'incarnation du Christ.

Je te regarde émue et attendrie, assise en face de moi. Les sièges en bois dans ce compartiment de troisième classe sont durs. Je me dis que c'est inconfortable pour ton corps aux os saillants, maigre à force de privation de nourriture. Mais tu sembles ne pas en souffrir car tu t'es endormie comme une enfant, ton chapelet à la main, la tête appuyée contre la vitre enfumée de notre compartiment.

Alors je me mets à prier et je remercie le Seigneur qui a permis notre rencontre.

Notre rencontre

Au bidonville de La Palmeraie

Nous avons quitté les rues bruyantes du Caire et avançons pendant quelques minutes à travers une oasis de verdure. Je porte ton sac usé en tissu noir, à la fermeture éclair cassée d'avoir été trop rempli. Tu avances d'un bon pas et nous précèdes, impatiente de retrouver ceux que tu aimes après une absence de deux semaines. La Palmeraie est bientôt en vue, bordant la route de terre que nous avons empruntée. Elle entoure des champs cultivés où l'on produit une maigre récolte de céréales.

Soudain, le charme de ce paysage rural est rompu. D'abord ce sont des odeurs nauséabondes qui nous parviennent. Comme la puanteur se fait de plus en plus forte, certaines de mes sœurs se raclent la gorge et, alors que nous approchons, les yeux me piquent. J'ai même quelques instants l'impression de suffoquer. Puis j'oublie ces inconvénients, tant je suis choquée du spectacle qui s'offre à nous : un immense tas d'ordures est parcouru de rats et sert de garde-manger à des cochons qui grognent en cherchant leur nourriture. Mais c'est aussi le terrain de jeux d'enfants sales, pieds nus, leur *galabeïa*[1] en guenilles. Ils ont

---

1. Longue tunique en coton qui constitue le vêtement traditionnel égyptien.

le nez qui coule sous des tignasses crasseuses. Des dizaines de mouches collent à leurs yeux, leurs lèvres et les croûtes qui recouvrent leurs plaies. Ils ne font même plus l'effort de les chasser. Sans doute reviendront-elles aussitôt. C'est la première fois que je vois des petits sourire, le visage constellé d'autant de mouches. Pourtant leurs sourires ne sont pas moins chaleureux que ceux des enfants aux joues lisses et propres, choyés par leurs parents. Leurs yeux ne sont pas moins brillants, leurs rires moins cristallins. Tu n'hésites pas à les prendre dans tes bras, appelant chacun par son prénom. *Habibi*, « chéri », dis-tu en déposant sur leurs joues des baisers sonores qui éloignent provisoirement les insectes bourdonnants. Ils se coulent contre toi et ne veulent pas te quitter. Tu n'as pas assez de mains, pas assez de joues pour la nuée de bambins qui t'entourent. Nous avançons, escortées des exclamations joyeuses d'une troupe d'enfants en liesse.

Les mères, alertées par les cris, sortent des cabanes de bidons et tôles clouées. Elles ne t'ont pas vue depuis deux semaines et te font une vraie fête au milieu des immondices, des chiens faméliques, des ânes efflanqués, des chèvres, des moutons bêlant et des bêtes crevées. Elles abandonnent quelques instants leur travail harassant de tri des ordures, assistées de leurs enfants.

Notre rencontre

Notre délégation de Filles de Marie les intrigue. Tu es fière de nous présenter Malaka et les autres. Nous nous asseyons par terre dans une cabane, serrées sur le sol de terre battue. Du thé arrive on ne sait d'où dans une casserole cabossée et un breuvage fumant nous est servi avec empressement dans de vieilles boîtes de conserve rouillées qui servent de tasses. Tu sembles ravie de revoir ces amies délaissées pendant un temps et elles se réjouissent de ton retour. La conversation va bon train. Tu prends des nouvelles de tous et fais les présentations.

Mes sœurs et moi sommes intimidées au milieu de cette joie qui nous dépasse. Nous esquissons des sourires, embrassons quelques enfants qui s'approchent. Tu me demandes de traduire pour toi et je fais de mon mieux pour paraître à l'aise. Mais, au fond de moi, je suis terriblement gênée. J'ai honte. Oui, honte. Je te l'avouerai plus tard. Moi, une Égyptienne, j'ignorais totalement la réalité de ce quartier de chiffonniers. Je n'imaginais pas qu'il pouvait exister un tel degré de dénuement, un tel poids de souffrance. Je ne peux m'empêcher de penser : « C'est une étrangère qui me révèle la misère de mon pays ! »

Je suis effondrée par ce que je découvre. Mes yeux se voilent de larmes. Des larmes de honte mêlées de désespoir…

Nous faisons le tour du camp. De cabane en cabane, c'est la même détresse. Et le même éclat joyeux que ton passage fait naître sur le visage des personnes rencontrées. Tu nous présentes aux familles qui survivent grâce aux détritus des riches Cairotes. Tu expliques que les habitants de la ville ne descendent pas leurs ordures. Comme la municipalité n'a pas organisé le passage d'éboueurs, ce sont les *zabbalin*, les chiffonniers, qui chaque matin partent dans leurs carrioles tirées par des ânes. Ils font la tournée des quartiers cossus et montent dans les immeubles. Ils frappent aux portes et les gens leur tendent les poubelles, quand ils ne leur jettent pas à la figure les saletés de la maison, en les insultant. Ils les rassemblent dans des couffins qu'ils descendent ensuite pour en déverser le contenu dans leur charrette.

En début d'après-midi, ils retournent à Ezbet-el-Nakhl, exténués, chargés d'une montagne de détritus que femmes, enfants et vieillards devront ensuite trier des heures durant. Les cochons fouillent de leur groin les déchets périssables et les chiffonniers tentent de dénicher ce qui pourra être troqué pour gagner de quoi nourrir leur famille.

La fin de l'après-midi approche. C'est pour mes sœurs et moi le moment de prendre congé.

Lorsque nous nous séparons, tu me serres dans tes bras. Je sens la force de ton étreinte qui se prolonge. Tu n'as pas envie de me voir partir. Tu ne dis rien, mais ce que j'entends résonne en moi plus fort que des paroles et je le perçois aujourd'hui avec la même intensité que ce soir-là : « Sara, j'ai besoin de toi. Nous avons besoin de toi au bidonville ! Reviens, ma petite sœur ! Sara, je t'attends. »

Plus tard, tu raconteras avec des mots justes à quel point cette première visite me marqua :

« À peine entrée dans la première ruelle au milieu des ordures, son regard se posa sur les petits chiffonniers. C'était un regard fasciné, un cœur arraché, un être aspiré. Il lui fallait tout laisser pour venir s'installer avec moi et se donner corps et âme à cette population méprisée, abandonnée ! »

Je rends grâces à Dieu qui se donne à travers toi

Le cœur serré par l'émotion, je ne dis rien pendant le trajet de retour à Béni Suef. Les autres sœurs aussi se taisent. L'expérience de cet après-midi nous a toutes profondément choquées.

Rentrée à la congrégation, pendant trois jours je pleure sans arrêt. Je ne peux chasser de mon esprit la misère que j'ai vue. Les images du bidonville repassent en continu dans mes pensées. Comment des êtres humains, des femmes, des enfants peuvent-ils vivre dans une telle saleté ? Sans eau pour laver et rafraîchir le corps. Surtout l'été, quand la température dépasse les 40 °C, et qu'aucun arbre ne vient donner un peu d'ombre.

Ils n'ont pas d'électricité non plus pour s'éclairer. Et dans cette pauvreté indescriptible, au milieu des ordures de ceux qui profitent de la société de consommation, la seule lueur d'espoir est la présence d'une femme âgée, une étrangère, religieuse catholique romaine venue partager leur vie.

Je te revois, Emmanuelle, droite, volontaire, déterminée. Debout au milieu des ordures. Tu es lumineuse, comme si la misère et la saleté ne déteignaient pas sur toi. Tu embrasses à longueur de journée des enfants pouilleux aux joues crasseuses, mais ta blouse reste impeccable et ton visage rayonne. Tu es fraîche sous tes rides, comme si la vieillesse ne te touchait pas. Tu es joyeuse, comme si le désespoir n'avait pas de prise sur toi. Tu ne cesses de t'activer à la tâche, comme si la fatigue ne t'accablait pas. Des femmes m'ont dit avec fierté :

— C'est *Ableti*, notre « grande sœur » !

Tu les aimes et cet amour que tu leur dispenses à profusion est leur seule richesse. Mais quelle richesse ! Car cet amour n'est pas ordinaire. Cet amour est saint. Il a sa source en notre Seigneur Jésus-Christ.

Soudain, je ne vois plus la pauvreté.

Je vois la grandeur de l'amour de Dieu qui se donne à travers toi et une prière d'action de grâces spontanée jaillit de mon cœur, accompagnée d'un torrent de larmes :

— Merci, mon Dieu, d'avoir permis à sœur Emmanuelle d'être l'incarnation de Ta présence, parmi les plus pauvres d'entre les pauvres.

Merci de lui donner Ta force chaque jour pour lui permettre d'être le témoin de Ton amour pour l'humanité.

Merci d'avoir permis que je la rencontre.

« Venez à moi, les bénis de mon Père ! »

Comment pouvais-je demeurer dans le confort de mon couvent ?

Mes sœurs remarquèrent mon chagrin. Elles virent que je n'avais plus faim. Je n'arrivais plus à me nourrir, à profiter de notre cuisine délicieuse. Je pensais à toi, Emmanuelle. Que mangerais-tu aujourd'hui ? Quelle eau boirais-tu ? Et ces enfants, ces familles autour de toi ? La tâche que tu avais entreprise paraissait insurmontable. Était-ce une raison pour renoncer et t'abandonner ?

Ces questions que je me posais alors, je les ressens avec la même acuité aujourd'hui tandis que le souvenir de ces moments remonte à ma mémoire. Mon désespoir ne pourrait se combler que si je prenais la décision de m'installer dans le bidonville et de partager ton œuvre, Emmanuelle. D'être avec toi le témoin du Christ dans le camp des chiffonniers de La Palmeraie.

La semaine suivante, quand le concierge m'a appelée, mon cœur a tressailli. J'ai eu l'intuition que c'était pour m'annoncer de nouveau ta visite. Tu ne m'avais pas prévenue mais seule ta présence pouvait faire naître en moi une joie pareille. Car ce que je ressentais était la joie sainte de Dieu qui se manifestait dans ma vie à travers toi. Je ne m'étais pas trompée.

Ta fine silhouette se découpe dans le hall d'entrée :
— Sara de mon cœur !
Je fonds en larmes en entendant ces mots. Tu m'appelleras ainsi jusqu'à la fin et maintenant que tu n'es plus là, ta voix cristalline continue de m'appeler « Sara de mon cœur ! » Quand tu t'adresses à moi en rêve, tu me dis toujours : « Sara de mon cœur ! »

Notre rencontre

Tu es revenue à Béni Suef, dans notre couvent, pour me demander de partager ta vie. Bouleversée, je ne peux répondre. Je n'arrive pas à retenir mes larmes. Tu attires ma tête contre ton épaule et tu sors de ton vieux sac troué le livre de prières que je t'ai donné. Tu lis à haute voix, en arabe, ce passage de l'évangile de Matthieu :

« Venez à moi, les bénis de mon Père ; prenez possession du royaume qui vous a été préparé depuis la fondation du monde. Car j'ai eu faim, et vous m'avez donné à manger ; j'ai eu soif, et vous m'avez donné à boire ; j'étais étranger, et vous m'avez recueilli ; j'étais nu, et vous m'avez vêtu ; j'étais malade, et vous m'avez visité ; j'étais en prison, et vous êtes venus vers moi.

Les justes répondront : "Seigneur, quand t'avons-nous vu avoir faim, et t'avons-nous donné à manger ; ou avoir soif, et t'avons-nous donné à boire ? Quand t'avons-nous vu étranger, et t'avons-nous recueilli ; ou nu, et t'avons-nous vêtu ? Quand t'avons-nous vu malade, ou en prison, et sommes-nous allés vers toi ?"

Et le roi leur répondra : "Je vous le dis en vérité, toutes les fois que vous avez fait ces choses à l'un de ces plus petits de mes frères, c'est à moi que vous les avez faites."[1] »

---

1. Matthieu 25,40-46.

Mes larmes redoublent en t'écoutant lire ce texte que je récite chaque jour, car il est inscrit dans mon livre d'heures à la prière de la nuit. Je ne l'avais jamais entendu ainsi. Tu le prononces avec ta voix de petite fille et ton accent d'étrangère, mais ce n'est pas cela qui, ce matin, rend cet évangile soudain nouveau, soudain bouleversant. C'est l'authenticité de ton engagement dans les pas du Christ.

J'ai l'impression que ce passage de saint Matthieu prend tout son sens dans ta bouche. Et je crois l'entendre pour la première fois.

J'en frissonne.
Jésus me parle en personne.
Ce n'est plus toi, Emmanuelle, c'est le Christ qui m'appelle.

Je m'agenouille.
Je prie comme jamais auparavant je n'avais prié :
— Seigneur, donne-moi la force de suivre Ta servante, Emmanuelle !
D'être avec elle le témoin de Ton amour pour l'humanité qui souffre.

Le même souffle d'amour de Dieu passe entre nous.

La décision de partager ta vie

Je te laisse en prière avec la promesse de revenir sans tarder et je regagne ma chambre. J'attends que retombe la vague d'émotion qui m'a submergée. Mes larmes séchées, je vais voir Mgr Athanasios. Je lui raconte tout ce que j'ai ressenti depuis ma visite à Ezbet-el-Nakhl. Je n'ai cessé de prier encore et encore, jour et nuit, car je ne dors plus :

— Monseigneur, j'ai retourné la question dans tous les sens. Je crois comprendre que la volonté de Dieu est que je partage le sacerdoce de sœur Emmanuelle dans le camp de chiffonniers. Ma place est parmi eux. J'ai fait vœu de pauvreté, ainsi je réaliserai ma vocation en vivant au milieu de ces malheureux. Merci de me dire si vous pouvez m'autoriser à rejoindre sœur Emmanuelle. Elle est venue me chercher, elle attend ma réponse.

J'ajoutai que j'avais senti la présence de Jésus à Ezbet-el-Nakhl comme jamais auparavant dans ma vie religieuse. Sœur Emmanuelle avait fait couler le miel de l'amour divin dans mon cœur car elle était reliée au Christ d'une manière spéciale. Je pouvais tout dire à Mgr Athanasios parce qu'il était mon père spirituel et qu'il pouvait tout entendre :

— Monseigneur, j'ai fait vœu de pauvreté. Mais jusqu'à présent, je n'ai pas pratiqué la vraie pauvreté. Je voudrais pratiquer la pauvreté évangélique avec la même authenticité que sœur Emmanuelle.

J'observai qu'en communauté on est bien nourri et soigné sous prétexte qu'on ne doit pas tomber malade et qu'il faut être en bonne santé pour servir les autres. Mais on ne vit pas une pauvreté radicale. Depuis mon retour du bidonville, à propos de tout je me demandais : « Pourquoi est-ce que je profite de choses agréables, alors que les autres en sont privés ? Pourquoi est-ce que je reçois beaucoup et les autres rien ? »

Mgr Athanasios m'écoute en silence puis se recueille quelques instants comme à son habitude. Je le sens profondément touché et, quand il prend la parole, c'est pour me demander d'aller chercher mes autres sœurs. Avant de se prononcer, il veut aussi les entendre, puisque nous sommes cinq à t'avoir accompagnée à Ezbet-el-Nakhl.

Mes quatre sœurs disent à peu près la même chose. L'expérience les a marquées, certes, mais elles se sentent impuissantes à soulager la misère des chiffonniers. Elles s'inquiètent aussi de leur santé et n'imaginent pas pouvoir survivre dans ces conditions. Comment dormir, manger, se doucher ? Comment vivre tout simplement au bidonville ? Elles se posent ce genre de questions et sont persuadées que la tâche entreprise par sœur Emmanuelle les dépasse. En un mot, elles sont découragées, démotivées. D'autant qu'à Béni Suef, elles ont leur travail qu'elles maîtrisent bien, dans leur communauté copte orthodoxe où elles se sentent utiles. À quoi bon rejoindre une religieuse de Notre-Dame de Sion dans son œuvre qui semble pareille à une goutte d'eau versée dans un océan de misère ?

Mgr Athanasios me demande d'expliquer aux sœurs mon point de vue qui diffère du leur. Quand j'ai terminé, il les interroge :

— Sœur Sara souhaite s'installer à Ezbet-el-Nakhl avec sœur Emmanuelle. Qu'en pensez-vous ?

Mes sœurs répondent :

— Sœur Sara doit être libre de rejoindre sœur Emmanuelle, si telle est la volonté de Dieu.

Comme elles ont donné leur consentement, l'évêque me fait observer :

— Réfléchis bien, Sara ! Si tu t'engages, tu devras aller jusqu'au bout. Il ne faudra pas t'arrêter !

J'acquiesce et il se reprend, ajoutant avec douceur :

— Donne-toi encore une semaine pour prier et réfléchir. Si tu penses toujours que Dieu te veut auprès de sœur Emmanuelle, alors rejoins-la.

Je serai fier de toi. Tu peux partir pour une période d'essai d'un mois avec elle. Après ce délai, reviens me voir et prends alors ta décision ferme et définitive, en toute connaissance de cause. Ne t'inquiète pas. Si tu sens que ta place n'est pas à Ezbet-el-Nakhl, tu ne dois pas hésiter à revenir. Tes sœurs et moi t'accueillerons toujours avec une grande joie.

Je suis émue de la bonté de Mgr Athanasios, de sa tolérance, une qualité qui le fait respecter de tous. Je ne l'ai vu faire partout que le bien, avec des idées claires et droites, un esprit de justice et d'équanimité. Il a respecté ma décision. Je me sens libérée de l'incertitude, du doute et de la tristesse qui me rongeaient.

Chère Emmanuelle, tu vas me surprendre une fois de plus ! Quand j'entre dans ta chambre pour t'annoncer la permission de Mgr Athanasios, je m'attends à une explosion de joie de ta part. Mais tu restes grave, silencieuse. Et je t'en suis reconnaissante. Car le bonheur que nous partageons en cet instant est intérieur. Nous savons toutes deux que ce n'est pas notre volonté personnelle qui s'accomplit, mais la volonté du Seigneur. C'est dans la prière que nous célébrons la grâce qui nous est donnée. Nous nous comprenons dans le langage du cœur.

Ton exemple m'a montré que tout ce que tu fais, Emmanuelle, c'est pour le Christ. Et je veux te suivre sur la voie de sainteté qui est la tienne. Au bidonville, comme dans le couvent, je laisserai le Christ s'exprimer à travers chacun de mes gestes, chacune de mes paroles, chacune de mes pensées. Dans ma communauté, les tâches les plus simples ne m'ont jamais rebutée. Au contraire. Quand je préparais la nourriture, j'avais coutume de le faire avec joie, en pensant que le Seigneur était l'hôte invisible, mais présent à notre repas. Je voulais donc que chaque plat soit excellent en son honneur.

Bien sûr, j'aurais pu dire aux sœurs de faire la cuisine, j'étais leur supérieure. Mais non, je n'étais pas pour autant au-dessus d'elles ni mieux qu'elles. Je n'ai jamais accepté de recevoir plus que les autres.

Mon arrivée chez les chiffonniers

Une brume matinale enveloppe le train qui roule à petite vitesse entre Béni Suef et Le Caire. C'est la première fois que je fais seule ce trajet. Je ne me souviens pas d'avoir ressenti d'émotion particulière, si ce n'est que je me demandais comment j'allais retrouver le chemin du bidonville et ensuite où je te rencontrerais, Emmanuelle. Je n'ai pas ton adresse. D'ailleurs il n'y a ni rue ni numéro dans le camp de chiffonniers. Tu m'as dit de changer au Caire à la gare Ramsès puis de prendre le petit train qui, pour une piastre, m'emmènerait au quartier de Shareh Tomambey. De là, en marchant tout droit, tu m'as assuré que je ne manquerais pas de trouver le camp d'Ezbet-el-Nakhl. Dans les cabanes, les gens sauraient me dire où tu es. Mais soudain, je ne suis plus sûre de rien. Pour calmer mon inquiétude, je prie Dieu de me montrer la route qui me conduira vers toi.

Arrivée à destination, je marche rapidement, chargée seulement d'un petit sac où j'ai mis un peu de linge. À cent mètres de la gare, je remarque une église de la Vierge. J'entre dans la nef qui accueille tant de douleurs humaines et m'agenouille devant une icône émouvante de Marie qui tient Jésus sur ses genoux. La Mère qu'on dit triste, je la vois toute donnée et humble. De l'humilité qui accepte avec soumission la volonté de Dieu. Je lui demande de me communiquer la force d'accomplir ce que Dieu a décidé pour moi et je me sens exaucée.

En sortant de l'église, j'interroge une passante sur le chemin à suivre pour se rendre chez les chiffonniers. Elle me répond en faisant un geste de la main :

Notre rencontre

— Il faut prendre le chemin à gauche, en direction du canal où sont jetées les bêtes crevées, puis tourner de nouveau à gauche.

Je suis ces informations bien peu précises et je marche en hésitant, incertaine. Une petite fille de 5 ou 6 ans m'aperçoit alors. Elle se dirige en souriant vers moi et, sans que je lui aie demandé quoi que ce soit, me pose cette question qui ne manque pas de me surprendre :

— Tu cherches *Ableti*, la « grande sœur » ?

Je la revois dans sa *galabeïa* à fleurs, mal coiffée, sale, mais toute mignonne avec son lumineux sourire. Elle me prend par la main et nous avançons ensemble pendant près d'une demi-heure. Enfin je reconnais les lieux, les palmiers dattiers et les cultures de maïs. Puis très vite nous parvient une odeur de plus en plus nauséabonde, au fur et à mesure que nous progressons. Elle est rendue encore plus irrespirable par la fumée qui enveloppe les cabanes, car les chiffonniers brûlent des ordures.

Sur le chemin, nous sommes dépassées par plusieurs charrettes tirées par des ânes. Les *zabbalin* y ont entassé en tombereaux malodorants les détritus du Caire ramassés de bon matin. Nous croisons d'autres carrioles vides qui se dirigent vers la grande ville pour la même collecte d'ordures. Au milieu de ce va-et-vient incessant, la petite fille me guide jusqu'à la cabane de sœur Emmanuelle. Nous échangeons plusieurs regards complices et je lui demande son nom. Elle s'appelle Maryam. Je ne peux m'empêcher de penser qu'elle est un ange mis sur ma route par la Vierge qui avait accédé à ma demande dans l'église de Zeitoun !

Plus tard, je reverrai la petite Maryam, car elle suit les cours d'alphabétisation avec sœur Emmanuelle depuis quelques mois déjà. Nous deviendrons amies.

Une plénitude d'amour

Tu es sortie de ta cabane, Emmanuelle, comme si tu avais su que j'approchais. Tu portais ton foulard et ta blouse de nylon grise, recouverte d'un tablier grossièrement découpé dans du plastique pour la protéger. Mais je me rappelle avec émotion la joie qui illuminait ton visage. Cette joie me parut surnaturelle. J'y vis un signe de Dieu me disant que ma place en ce monde était auprès de toi pour l'aimer en aimant fraternellement les exclus, les déshérités et les laissés-pour-compte.

Nous sommes entrées dans ta cabane, faite de vieux bidons assemblés avec quelques planches. Elle était exiguë, mesurant exactement deux mètres sur un mètre soixante-dix. Il n'y avait de place que pour un lit à moitié cassé, une table de nuit sur laquelle était posée ta Bible, et, à même le sol, un réchaud à alcool, une cuvette, une carafe d'eau. Le dénuement était extrême, mais dans cette simplicité je contemplais la surabondance du cœur de Jésus. Une plénitude d'amour.

Ce jour-là, dans ta cabane, je compris que c'est en se vidant que l'on accueille l'essentiel. Il y avait eu trop de superflu dans ma vie. Grâce à toi, j'entrais dans la pauvreté qui est une voie de délivrance.

J'ai posé mon sac et nous nous sommes assises sur ton lit pour partager une prière. Ensuite, comme c'était déjà la fin de l'après-midi, tu m'as proposé de ne pas passer cette première nuit au bidonville. Tu t'étais organisée pour que je puisse dormir non loin de là, à Matareya, au nord-est du Caire. Ce quartier pauvre de tradition chrétienne était l'un des innombrables lieux saints vénérés par nous les coptes, car selon la légende apocryphe, la Sainte Famille y aurait fait halte lors de sa fuite en Égypte. On raconte que des miracles y furent accomplis. Un sycomore reverdit pour offrir son ombre à Marie, et son rejeton, qu'on peut voir encore aujourd'hui, porte le nom d'« arbre de la Vierge ». Parmi des eaux saumâtres, une source d'eau douce jaillit du sable à un endroit touché par Jésus, et un balsamier germa de la terre arrosée par la sueur de l'enfant divin.

Tu m'appris qu'en ces lieux chargés d'histoire biblique, ton ancienne supérieure de Notre-Dame de Sion à Alexandrie, sœur Ghislaine, avait ouvert un jardin d'enfants. Or il y avait un petit appartement de deux pièces pour le concierge. Et tu lui avais demandé la permission que j'occupe une pièce. Tu pensais que ce serait bien si j'y logeais la nuit et que je vienne travailler avec toi pendant le jour. J'aurais plus de confort, l'eau courante, l'électricité et surtout un environnement propre et calme. Car tu me prévins, la nuit au bidonville est remplie du bruit des disputes et des altercations qui n'en finissent pas, des aboiements de chiens sauvages et, avant l'aube, du braiment des ânes qui s'époumonent tandis qu'on les attelle pour tirer les premières charrettes de la journée.

Je comprends ton inquiétude. Tu as peur que je ne tienne pas le coup, que je sois trop vite découragée. Tu veux me donner le temps de m'habituer. Je t'assure que je préfère partager la cabane avec toi. N'est-il pas préférable de garder mon énergie pour travailler au bidonville plutôt que de m'épuiser dans des allers-retours matin et soir ? Surtout, j'ai fait un choix entier. Il n'est pas question d'un engagement à temps partiel. Je te rejoins dans l'idéal du partage qui est de m'engager totalement avec les autres, de leur donner ma vie. Comme tu le disais toi-même, Jésus, le fils de Dieu, n'est pas venu en touriste dans notre monde. Il s'est totalement incarné, a souffert jusqu'à sa mort qu'il a acceptée. Je ne veux pas de la pauvreté le jour et du confort la nuit. J'ai décidé d'être totalement ta sœur. Pas une demi-sœur !

Mais tu insistes. Tu n'es pas femme à te laisser influencer ! J'obéis à contrecœur et c'est le lendemain seulement que tu cèdes devant ma détermination, quand je te dis avec suffisamment de force de conviction sans doute :

— Sœur Emmanuelle, je peux tout accepter.

La première nuit dans ta cabane

Il y avait une paillasse sous ton lit et, le soir du deuxième jour, nous l'avons tirée pour que je puisse dormir à tes côtés. C'était une victoire. J'étais bien décidée à te prouver que je pouvais partager la nuit avec toi, dans ta cabane. Mais je dus vite me rendre à l'évidence. Ce ne serait pas si facile.

À peine allongée par terre, je me rendis compte que j'allais devenir une proie tentante pour les rats qui circulaient en liberté, passant sous les cloisons en tôle de ta cabane. Ces animaux m'effrayaient, d'autant qu'ils étaient énormes, longs d'au moins vingt centimètres et très agressifs. Ils arrivaient à semer la panique parmi les chats qu'ils faisaient fuir. Pour se nourrir, ils mordaient tout particulièrement les enfants. J'en ai vu certains défigurés parce que des rats leur avaient emporté un morceau de joue, de lèvre ou d'oreille. Plus grave encore, ils propageaient le tétanos.

Je compris mieux ta réticence mais sans vouloir capituler pour autant. J'eus alors l'idée de me bander pieds et mains avec des journaux et des morceaux de tissu, puis de me couvrir la figure pour que les rats ne me la dévorent pas. Tu ris avec bienveillance de mon allure et, plus tard, Jean Sage, notre cher et fidèle ami, se moqua gentiment de moi, assurant que j'étais ainsi devenue la plus jeune momie d'Égypte ! D'après lui, je savais faire une chose dont les pharaons furent incapables : je ressuscitais chaque matin, en me débarrassant de mes bandelettes. J'étais surtout ravie d'avoir trouvé un expédient qui allait s'avérer efficace. Et chacune de mes nuits dans ta cabane fut précédée de ce rituel moderne de momification pour lequel je ramassais chiffons et journaux, en tentant de dénicher les moins souillés du bidonville.

Malgré cela, j'avoue que la première nuit je ne dormis guère. Comment ne pas entendre les bataillons de rats qui me frôlaient et parfois me passaient sur le corps, griffant mes bandelettes

Notre rencontre

improvisées de leurs pattes aux ongles acérés ? Je me demandais si le papier et les tissus que j'enroulais autour de moi me protégeraient suffisamment contre leurs assauts qui durèrent toute la nuit. Ils ne dormaient donc pas comme tout le monde ?

J'avais surtout peur pour mon visage que je cachais autant que possible sous la couverture. Mais il me fallait bien laisser filtrer de l'air pour respirer et je redoutais qu'ils ne profitent de cette ouverture pour s'introduire et me mordre cruellement. Il me fallut du temps pour apprivoiser la terreur que ces animaux m'inspiraient. Je priai le Seigneur de me rendre ma sérénité et je lui rends grâces aujourd'hui car il permit que je ne sois jamais mordue.

J'appris à identifier les bruits nocturnes du bidonville. Un océan de bruits qui arrivaient par vagues successives. Quand ce n'était pas les animaux, c'était les hommes, les femmes et les enfants dont j'entendais les appels, les plaintes, les cris, les vociférations et les disputes enflammées sous l'effet de l'alcool. Je me souviens qu'il faisait froid, mais notre couverture de laine était épaisse et dans notre minuscule cabane, la promiscuité nous tenait chaud.

Toi, sœur Emmanuelle, tu t'étais endormie vite après une journée de travail épuisante. Ton souffle régulier me rassurait. Tu t'estimais en sécurité au bidonville, dans ta cabane sans vraie porte pour la fermer. Mais moi, je me souvenais de tout ce qu'on m'avait raconté sur les chiffonniers, tueurs, voleurs, drogués. La panique monta. Je me calmai en pensant à cette grande force d'amour que tu faisais rayonner autour de toi. Je fus réconfortée et me sentis protégée par le Seigneur.

Le matin, tu me montras comment faire ma toilette avec une cruche. Nous devions partager une eau nauséabonde, qui sentait les égouts. Elle ne donnait pas envie de se laver, surtout le visage. Mais le plus difficile, c'était incontestablement les W-C, si l'on peut dire. Tu disposais d'un étroit abri en bidon pour t'isoler avec, au milieu, un trou qu'on recouvrait de terre au fur et à mesure. La nuit, tu m'expliquas que pour s'y rendre, on ne voyait pas à la lueur de nos lampes de poche les cochons noirs, une cinquantaine au moins, serrés par terre en une masse compacte. Quand on leur marchait dessus, ils remuaient et il fallait réussir à garder l'équilibre. Il t'était arrivé plusieurs fois de tomber et tu avais eu parfois bien du mal à te relever. Les cochons, que tu dérangeais en ces occasions, grognaient si peu que tu louais leur patience. On leur passait sur les pattes, sur le corps, et ils protestaient à peine !

Notre rencontre

Tu en étais époustouflée et tu m'avouas en riant que ces braves bêtes étaient un modèle pour toi qui t'emportais si facilement !

La nuit avait été courte car je dus m'endormir vers 2 heures du matin et à 5 heures, sœur Emmanuelle, ton vieux réveil strident se mit à sonner. Tu te levas, pleine d'entrain, pour courir à la messe. Si par chance tu croisais une charrette de *zabbalin*, tu grimperais dessus. Sinon, tu marcherais d'un pas vif cinq kilomètres à travers champs, à la lueur de ta torche pour dissuader les meutes de chiens menaçants. Puis tu suivrais le dédale de ruelles étroites, encombrées et mal éclairées, qui te séparaient de l'église de Matareya.

Au lendemain de cette première nuit passée ensemble dans ta cabane, j'admirais encore plus ta foi, ton courage, ton dévouement, ton abnégation. Mais je remarquais que tu ne vivais pas ces difficultés du quotidien comme un sacrifice ou une épreuve. C'était plutôt pour toi une grâce. Une vraie joie d'être pauvre parmi les pauvres, dans l'imitation de la pauvreté parfaite de notre Seigneur Jésus-Christ.

Malgré le dénuement extrême qui m'entourait, je voyais d'ailleurs des richesses. Il y avait dans l'âme des *zabbalin* une profondeur émouvante, la force de porter des enfants, la volonté de s'en sortir. Il leur fallait un appui. Tu représentais leur formidable espérance.

Une assistante sociale n'aurait jamais accepté le travail que nous faisions, sans salaire bien sûr et dans des conditions aussi extrêmes. Parfois même les chiffonniers venaient nous voler le peu que nous avions. Si on laissait les ciseaux, des couverts, des pansements, ils nous les prenaient dans notre cabane qui ne fermait pas. Mais quelle importance ! Ce que nous avions, de toute façon, était pour eux.

Quand tu me dis que nous n'étions pas meilleures qu'eux, je saisis tout de suite que tu avais raison. Nous avions eu en revanche une chance meilleure dans la vie. Nos parents s'étaient occupés de nous et nous avaient fait profiter de leurs moyens pour nous donner une bonne éducation. Alors qu'au bidonville, les enfants poussaient comme des champignons, sans personne pour les aider à grandir, se développer et acquérir une expérience qui leur permettrait de construire leur avenir.

Un avenir, ce mot avait-il seulement un sens pour eux ?

Nous avons pourtant décidé de leur en préparer un pour la nouvelle génération, en corrigeant les attitudes des uns et des autres. Nous avons donc beaucoup travaillé sur la morale et donné de multiples conseils. Nous répétions qu'il ne faut pas voler, pas prendre les affaires des autres, pas mentir. Nos recommandations ont porté leurs fruits. Maintenant, ils respectent la propriété d'autrui.

Nous n'avons pas eu à leur apprendre la générosité et le partage. Ces qualités humaines essentielles semblaient innées chez eux. Quand ils fabriquaient du pain, ils nous en donnaient. S'ils avaient du raisin, ils nous en gardaient une grappe. C'était un merveilleux échange qui nous faisait chaud au cœur. Nous étions comme deux sœurs avec les habitants du quartier.

Une fois, Mgr Athanasios nous a rendu visite et il est arrivé tard dans la nuit, vers 23 heures. Un chiffonnier, ivre, entendit que l'on tapait à notre porte. Furieux, il s'interposa :

— Que voulez-vous ? Les sœurs dorment à cette heure.

L'homme m'entendit approcher de la fenêtre. Il s'écria :

— Ce monsieur vient vous voir. Pour quelle raison ?

Je répondis :

— C'est notre père.

— Si c'était votre père, il n'arriverait pas si tard, le soir, déclara-t-il furieux.

Mgr Athanasios s'expliqua alors avec lui et pour finir l'embrassa :

— J'étais tranquille pour les sœurs. Maintenant je le suis quatre fois plus, parce qu'elles ont des frères qui veillent sur elles.

Nous recevions ainsi sans cesse des marques spontanées d'affection et de dévouement. La relation n'était pas à sens unique. Il y a toujours eu la réciprocité d'un vrai partage, quelles que soient les situations de la vie.

Mise à l'épreuve

L'après-midi de mon troisième jour, je t'accompagnai faire des courses. Tu m'expliquas l'itinéraire. Au retour, nous prîmes l'autobus de la ligne 44 qui relie Matareya à Ezbet-el-Nakhl, en passant par le quartier de Shareh Tomambey. Mais tu voulus descendre avant le terminus. Et il fallut marcher longtemps sur des chemins boueux et cahoteux, à travers de grandes flaques causées par des canalisations éventrées qui dégorgeaient leur liquide malodorant. Étonnée, je ne dis rien au sujet de ce trajet dont la logique m'échappait.

Les choses continuèrent ainsi les jours suivants. Je remarquai que tu descendais systématiquement trois stations avant notre arrêt. Je te fis observer que mes sandales me blessaient les pieds. Une poche de pus s'était formée et chaque pas était un supplice. Tu ne répondis pas. Ce jour-

Notre rencontre

là, j'eus même l'impression que tu avais accéléré l'allure. Je fis de mon mieux pour te rattraper péniblement et cela me coûta bien des efforts.

Une autre fois, je compris encore moins. Nous étions sorties et avions fait deux heures de trajet aller-retour pour acheter à peine quelques citrons et un peu de *foul*, ces gros haricots rouges qui sont la base de l'alimentation égyptienne. C'était environ deux mois après mes débuts au bidonville. N'y tenant plus, je te demandai :

— Le bus passe tout près de chez nous, pourquoi est-ce qu'on descend trois stations avant ?

Ta réponse me sidéra :

— Sara chérie, je dois savoir si tu pourras supporter le travail ou pas !

Ainsi, tu m'avais fait subir la douleur de ces marches interminables et inutiles dans des chaussures inconfortables, uniquement pour tester ma résistance ? Je ne sais comment je trouvai la force de plaisanter :

— Alors, mon examen de passage est satisfaisant ? Tu es contente, tu as acheté un âne et tu l'essaies ?

Tu m'embrassas bien fort et toutes les deux nous partîmes d'un long éclat de rire, dans les bras l'une de l'autre. Sur le moment, j'étais choquée. Je te trouvais quand même dure et injuste, mais après j'admis que tu avais raison. Je ressentais une admiration et une affection immenses pour toi. Je réalisais à quel point tu aimais les enfants, sans ménager tes efforts pour améliorer leur sort. C'est pour cela que je supportais toutes les difficultés et les épreuves auxquelles tu me soumettais. La tâche que tu avais entreprise n'était pas à la portée de tout le monde.

Quatre de mes sœurs du couvent des Filles de Marie y avaient renoncé d'emblée, avant même de s'être immergées dans la vie du bidonville. Et bien d'autres après furent tentées de s'installer avec nous, mais ne tinrent pas le choc. Il y avait eu avant moi chez les *zabbalin* deux sœurs catholiques du Sacré-Cœur, l'une américaine, l'autre canadienne, mais aucune n'avait résisté ! La première te quitta au bout de quelques jours et la deuxième après trois semaines.

Tu n'as pu t'entendre qu'avec moi : telle était la volonté du Seigneur pour le bien des chiffonniers.

Ça ne venait ni de toi ni de moi.

C'était une force qui nous dépassait.

2

Dieu m'appelle

Souvenirs lumineux de mon enfance

Chère sœur Emmanuelle, tu voulais me comprendre, tout savoir de ma vie avant notre rencontre. Tu m'as souvent demandé comment j'avais pu accepter sans transition un dépouillement absolu, alors que je n'avais connu jusque-là que des conditions de vie faciles. Du jour au lendemain, j'étais passée du couvent protégé et confortable des Filles de Marie à un contexte éprouvant parmi les exclus mis au ban de la société. Je te répondis que j'avais été comblée en te rejoignant dans ta cabane, car j'y avais réalisé un idéal de pauvreté et de justice que je portais en moi depuis toujours. Même si j'étais née dans la famille des El Ober, de riches propriétaires terriens, comme toi-même étais issue de la haute bourgeoisie, mon enfance et ma personnalité me disposaient à ce choix radical, que je fis à 29 ans, de vivre au bidonville de La Palmeraie.

Il n'y a pas eu de drame dans ma vie. Je n'ai pas connu une tragédie telle que la mort de ton père, noyé devant toi à l'automne de tes 6 ans, sur une plage de la mer du Nord à Blankenberge, près d'Ostende. Non, il n'y eut rien de si douloureux dans ma vie de petite fille. De mon enfance, je ne porte pas le poids amer des larmes ou de la tristesse.

Ma mémoire est éclairée de souvenirs lumineux, datant de mes jeunes années. Baignées de la beauté paisible des rives du Nil, elles se sont déroulées avec douceur. Elles ont coulé comme le fleuve-Dieu au cours serein dans son écrin de verdure, la surface de ses eaux lisses à peine froissée par le passage des felouques. Si l'on s'en tient aux apparences, rien ne me prédisposait à te rejoindre parmi les *zabbalin*.

Je suis née le 3 janvier 1946 à Minieh. Cette cité de cinq cent mille âmes, capitale de la Moyenne-Égypte, est construite sur la rive occidentale du Nil. Elle est proche de Tell-Al-Amarna, la ville choisie par Akhenaton pour être le cœur du royaume où il fonda le premier culte dédié à un dieu unique, Aton, le Souverain-des-deux-horizons, qui répète son acte créateur à chaque lever du soleil.

Dieu m'appelle

Ce pharaon te fascinait car il provoqua une véritable révolution religieuse dans l'Antiquité en imposant le monothéisme dès le XIVe siècle av. J.-C. Quand nous sommes allées dans ma ville natale, je me rappelle à quel point tu t'es passionnée pour le site archéologique qui conserve sa mémoire et celle de Néfertiti, son épouse bien-aimée.

Tu t'es peut-être plus intéressée à son destin particulier qu'à notre monastère copte de Deir-el-Moharraq. Pourtant, ce lieu de pèlerinage est très cher aux chrétiens d'Égypte. Car il aurait été construit, d'après la légende, à l'endroit même où un ange annonça à Joseph la mort du roi Hérode et lui ordonna de rentrer dans son pays. Mais sans doute y avait-il moins de mystère en ce site de ferveur populaire qu'en la personne de l'énigmatique pharaon Akhenaton, qui eut l'intuition d'un Dieu unique en des temps où l'on adorait le divin sous une profusion de formes.

Tu voulais tout connaître de moi, la « descendante des pharaons », comme tu te plaisais à m'appeler conformément aux croyances des coptes d'Égypte. Car nous ne nous reconnaissons pas dans les peuples et les cultures de tradition arabo-musulmane qui occupèrent tardivement la vallée du Nil, près de cinq mille ans après la civilisation pharaonique dont le génie édifia des monuments qui fascinent toujours l'humanité.

Mon histoire est simple comme celle des gens heureux.

Peu après ma naissance, ma mère m'appela le « bébé aux yeux ouverts ». En général, les nourrissons dorment beaucoup. Moi, j'étais toujours réveillée au point qu'on s'inquiéta de me trouver silencieuse dans mon berceau, les yeux grands ouverts. De nombreux médecins furent consultés mais, après examens, ils ne trouvèrent rien d'anormal et conclurent que c'était dans ma nature de peu dormir et d'être calme. Il en fut toujours ainsi, je n'ai jamais eu besoin de beaucoup de sommeil, ce qui m'aide considérablement pour le travail au bidonville et me laisse beaucoup de temps pour la prière.

À ma naissance, une de mes tantes, qui aurait voulu être religieuse, prit soin de moi. Elle avait été mariée à 15 ans, contre sa volonté. Ses grands-parents lui avaient fait croire qu'ils l'emmenaient au couvent, mais en réalité, c'était à l'église pour la marier. Elle avait prédit que je me consacrerais à Dieu.

— Cette petite ne sera pas pour toi, avait-elle déclaré à ma mère, elle est pour le Seigneur.

Par la suite on me répéta souvent cette prédiction, mais je ne pense pas qu'elle m'ait influencée. C'est comme si j'avais été prédestinée et que ma tante l'avait senti dès mes premiers jours.

J'ai été une petite fille comblée dans une famille unie. Mon père s'appelait Ayoub, « Job », et ma mère Mounira, « Lumineuse » ou « Lucie ». J'étais la quatrième d'une fratrie de huit. J'avais un frère aîné, Gamal, deux sœurs aînées, Raga et Souad, ma préférée, qui me précédait de quatorze mois seulement. Il y avait ensuite mes deux sœurs cadettes, Nadia et Hodda, et enfin mes deux plus jeunes frères, Kamal et Mebhat.

Tu as tenu à visiter notre maison spacieuse et aérée en bordure du fleuve. La terrasse offrait une vue largement ouverte sur le Nil et les îles sablonneuses qu'il enserre dans ses bras. Ce sont aujourd'hui des réserves naturelles renfermant une faune protégée. Mais déjà, à l'époque des pharaons, la région abondait en animaux sauvages représentés sur les fresques antiques et parfois momifiés, comme ce fut le cas pour les babouins, les chats, les faucons ou encore les ibis. Dans les sanctuaires d'Abydos, on a retrouvé une centaine de jarres remplies de momies et d'œufs de ces oiseaux sacrés, emblématiques de Thot, dieu de l'écriture et de l'histoire. Le scribe divin était aussi le dieu de la sagesse, représenté le plus souvent sous forme de babouin. À Hermopolis, dans une vaste nécropole dédiée aux ibis, on trouve aussi deux statues monumentales de babouins, érigées en l'honneur de Thot.

Lors des fortes chaleurs de l'été, on sentait toujours passer des courants d'air dans la maison familiale au dallage de marbre frais, sur lequel j'adorais marcher pieds nus. Aujourd'hui encore, chaque fois que la possibilité m'en est donnée, j'aime profiter de la brise rafraîchissante qu'apportent les plans d'eau, que ce soit un fleuve, un lac ou la mer.

Une communion avec l'univers

Au pied de notre maison, une corniche s'étirait le long du fleuve, agrémentée d'un parc réservé aux flâneries. Avec mes frères et sœurs, nous avions coutume d'aller y jouer et notre mère n'avait pas peur pour nous car ces lieux étaient interdits aux voitures. Nous faisions de longues balades à bicyclette et j'aimais beaucoup admirer le coucher du soleil. Je passais de longs moments solitaires à contempler la nature qui m'a toujours inspiré des prières de louange devant la beauté de la création. Petite fille, j'aimais me recueillir pour louer le Seigneur en le remerciant de tous ses dons. C'est un point que nous avions en commun.

Rappelle-toi, Emmanuelle, pour toi comme pour moi, la nature reflétait le visage de Dieu, dans une communion avec l'univers où nos cœurs débordaient d'une immense gratitude. Nous aimions redonner à Dieu notre éblouissement devant la beauté du monde en lui rendant grâces pour son amour inépuisable. La nature était à nos yeux transparente des dons divins. Elle nous ouvrait un chemin d'extase sur lequel nous nous sommes toujours senties profondément unies.

La première fois que nous avons visité ensemble la Haute-Égypte, je t'ai avoué que je louais le Seigneur pour l'intelligence qu'il avait donnée à nos pharaons, leur permettant de construire des temples qui défient l'entendement. Mais je préférais les beautés naturelles qui enchantaient mon cœur, lui parlant d'une manière spéciale de la bonté infinie du Créateur.

Je t'ai confié mes souvenirs de petite fille, quand je m'émerveillais du spectacle de la lune, des étoiles, de l'aube ou du crépuscule. J'étais aussi fascinée par les reflets de la lumière sur le Nil dont les eaux, brunâtres à cause du limon, ne cessent de changer de couleur au fil des heures. Je ne me suis jamais lassée d'observer les rougeoiements du couchant, lorsque le fleuve devient pareil à une nappe de feu liquide. Avant qu'il s'éteigne, fondu dans la nuit, puis se recouvre des lueurs nacrées de la lune.

J'étais très contemplative. Je le suis toujours. Je trouvais fascinant le silence qui accompagnait une telle profusion de beauté, déployée pour la joie de mes yeux. Des larmes de reconnaissance coulaient parfois spontanément sur mes joues, devant la grandeur de Dieu révélée à travers ses œuvres.

Je t'ai raconté qu'enfant, je n'achetais pas de bonbons ou de sucreries comme mes frères et sœurs. J'allais très régulièrement chercher trois roses dans une pépinière qui se trouvait devant mon école. J'en offrais deux à la Vierge et en gardais une pour moi. En général, je choisissais des roses blanches. Tu avais, toi, une nette préférence pour les rouges et nous nous sommes réjouies ensemble quand un pépiniériste français a créé la Rose Sœur Emmanuelle pour te rendre hommage. C'était une idée merveilleuse ! D'autant qu'à la différence des fleurs qui ont un nom de star, ta rose est née loin des quartiers chics. Elle a vu le jour dans un faubourg populaire de la Cité du Maroc, à Paris, dans un jardin parfumé d'amour et de tendresse, dédié à la paix. Et ta rose a fleuri pour faire grandir la joie dans les cœurs. À tous ceux qui cultivent la Rose Sœur Emmanuelle, je ne doute pas qu'elle apporte un parfum de sainteté. Thérèse de Lisieux avait promis qu'au ciel elle lancerait des pluies de roses sur terre. Mais toi, Emmanuelle, tu n'as pas eu besoin d'attendre le ciel. Déjà sur terre, tu nous as donné une rose !

Joies d'autrefois

Il n'y a rien de mes années d'enfance que je ne t'aie confié. Mes plus beaux souvenirs sont ceux des vacances. Chaque année, mes parents louaient à la famille du roi Farouk un appartement de quatre pièces près d'Alexandrie. Il était idéalement situé en bord de mer, à Sidi Behre, près du pont lancé en direction de Montazza. L'aile du palais où nous logions se trouvait au milieu d'un immense parc, planté de fleurs et d'arbres rares. Nous allions nous baigner sur une plage privée de sable blanc, battue par les vagues de la Méditerranée. En ces parages, les couleurs varient selon une palette allant du turquoise au vert jade. Je ne me lassais pas d'admirer la mer et de jouer avec l'écume. Un jour, nous avons nagé très loin avec mes sœurs. C'était au point que ma mère, ne nous voyant plus, a alerté le maître-nageur qui est venu nous chercher avec son bateau. J'ai été punie, plus que mes sœurs car je les avais entraînées. Maman m'a privée de deux jours de baignade.

Nous emportions des paniers de pique-nique et la journée se passait dans les joies de la nage, des jeux de volley et de cerfs-volants. À l'horizon de la baie, sur fond de palmiers, se découpait le fort de Qait Bey qui abrite un petit musée naval. Mon père nous racontait qu'il fut construit sur l'emplacement de l'ancien phare d'Alexandrie, souvenir de la lointaine époque de Ptolémée Évergète, pharaon grec du IIIe siècle av. J.-C. Ce fut la première balise marine, haute de cent trente-cinq mètres. Au sommet de cette tour élancée de marbre blanc, un feu brûlait en permanence, visible de très loin. Partiellement ébranlé par un séisme, il tomba en ruine et fut rasé sous les Mamelouks en 1302. Mon père prenait plaisir à instruire ses enfants de l'histoire de notre pays, où se rencontrèrent de si nombreuses cultures d'Orient et d'Occident.

Nous passions le reste des vacances à Tahnascha, le village de mes grands-parents, situé à une quinzaine de kilomètres au sud de Minieh. Mon grand-père maternel était un très riche propriétaire terrien. Mais il avait à cœur de partager. Il avait fait construire une école primaire, un hôpital, et aussi des lieux de culte : une église et une mosquée, parce que la population du village se répartissait à égalité entre chrétiens et musulmans. De sorte que les deux communautés l'aimaient et le respectaient comme un sage et un homme de Dieu.

À l'instar de tous les enfants, nous profitions du fait d'être éloignés de la surveillance de nos parents pour faire le plus de bêtises possible. J'étais coquine et aimais faire des farces.

Dieu m'appelle

À côté de l'église, il y avait une annexe qui regroupait une centaine de filles et de garçons pour l'alphabétisation. C'était des enfants de famille modeste. Leur tête était pleine de poux. De temps en temps, je prenais les poux des filles pour les mettre sur la tête des garçons qui les attiraient moins, car leurs cheveux étaient coupés ras. Je réparais ainsi ce qui me semblait être une injustice.

Je me rappelle à ce sujet que tu me dis un jour n'avoir jamais vu de poux. Tu avais envie de savoir à quoi ressemblaient ces petites bêtes. J'appelai alors une de nos élèves et je pris une feuille de papier blanc. Je lissai lentement ses cheveux avec un peigne fin et fis immanquablement tomber quelques-uns de ces parasites. Ta réaction me surprend encore aujourd'hui quand j'y repense. Tu t'exclamas :

— Qu'ils sont mignons ! Ils sont adorables avec leurs pattes minuscules !

Et tu te mis à rire, à battre des mains, toute joyeuse. En te regardant, je me disais que seule pouvait se réjouir ainsi une personne qui n'avait jamais souffert de ces petites bêtes. Car leur présence provoque des démangeaisons qui s'infectent par manque d'hygiène sur les têtes des enfants, parfois de manière grave. Je suis restée silencieuse, je n'ai pas partagé ton enthousiasme. Jamais je ne pourrai trouver un charme quelconque à ces animaux. J'ai vu trop de personnes en souffrir, des jeunes et des moins jeunes.

Chez mon grand-père, nous montions des chevaux et des ânes, pour des promenades dans les prairies alentour. Un jour, ma sœur enleva mon harnais, ce qui eut pour effet de me déstabiliser. Je glissai, tombai et me fis mal au bras et à la cheville. Alors le lendemain, pour me venger, je m'arrangeai pour désarçonner ma sœur. Mais sa chute fut plus dure et elle se cassa les côtes. Résultat, on me punit.

Une autre fois, comme ma sœur aimait beaucoup le lait de bufflesse et que dans un pré, elle en avait vu une avec son petit, elle s'arrangea pour écarter le bufflon. Saisissant la mamelle pour boire le lait, elle provoqua une réaction furieuse de la mère qui se mit à courir à ses trousses. Heureusement, ma sœur trouva refuge dans une grande jarre, et moi je courus derrière la bufflesse en furie pour l'éloigner.

J'étais très protectrice de nature, même avec mes frères et sœurs plus âgés. D'ailleurs, quand nous sortions ensemble, maman, consciente de mon tempérament paisible et réfléchi, me demandait de veiller sur eux. Et j'aimais me sentir responsable, prendre soin des autres.

Ton enfance volée

Ce qui était bien dans notre vie, c'est que maman aimait beaucoup la famille de papa. Et que papa aimait beaucoup la famille de maman. Alors, pendant les vacances, les deux familles se réunissaient. On était près d'une trentaine à table. Si nombreux, d'ailleurs, qu'il y avait deux services la plupart du temps. Le premier pour les enfants, et le second pour les adultes. Ces jours ne m'ont laissé que des souvenirs heureux d'affection reçue et donnée, de joie et d'éclats de rire, auprès d'adultes bienveillants qui nous comblaient de tendresse.

Il est important de prodiguer du bonheur à ses enfants. Ce n'est pas les gâter mais leur donner un viatique qui les aidera plus tard, quand la vie les mettra à rude épreuve. À travers les difficultés de l'âge adulte qui me malmène, je reviens à ces souvenirs heureux de l'enfance qui brillent dans mon cœur.

Tu n'as pas connu cela, Emmanuelle. Ton enfance t'a été volée par le chagrin du deuil de ton père. Et je t'en aimais d'autant plus. En te racontant mes joies d'autrefois, j'ai voulu les partager avec toi. Te consoler et t'offrir cette part d'insouciance que tu n'as pas connue. Il y avait un paradoxe en toi et il m'a fallu du temps pour le comprendre. Tu es devenue trop tôt une adulte et la petite fille que tu n'as pas pu être pleinement ne cessait de resurgir. Même à un âge avancé. Plus d'une fois, tu fis honte à tes supérieures ou aux sœurs de ta congrégation, invitées comme toi aux réceptions guindées de l'ambassade de France au Caire, lorsque tu vidais les plateaux de petits fours et t'en mettais plein les poches, en disant que c'était très bon et que tu allais en apporter aux chiffonniers. Certains t'en ont voulu. Indisposés par les frasques innocentes d'une gamine qui était une vieille femme, ils t'ont parfois vivement reproché ta naïveté, faute de comprendre ton histoire, la fêlure de ta personnalité. Mais comment t'en vouloir de n'avoir pas réussi à tourner la page de l'enfance que tu n'avais jamais eue ?

Mes parents

Ma mère avait un beau visage émouvant au teint clair, des yeux noisette et des cheveux de ce joli blond qu'on dit vénitien. C'était une femme de paix, douce et enjouée. Elle était considérée dans la famille comme une personne de bon conseil. Originaire d'une famille très riche, elle parlait couramment le français et l'anglais. D'une grande intelligence, elle ne s'emportait jamais et analysait chaque situation posément. Elle aimait beaucoup prier et j'attendais toujours, avant de m'endormir, le moment où elle viendrait se recueillir auprès de chacun de nous, ses enfants. Je passais en revue avec elle la journée écoulée. Maman m'aidait à voir ce que j'avais fait de bon et de moins bon. Puis elle me confiait à la Vierge et m'embrassait tendrement. C'était si doux que j'avais l'impression de recevoir des grâces du ciel en priant à ses côtés.

Chaque matin, les jours où nous avions classe, ma mère avait coutume de se lever tôt. Elle nous préparait de délicieux sandwichs pour le repas de midi que nous prenions à l'école. Quand nous avions fini le petit déjeuner, elle nous réunissait tous dans sa chambre pour lire quelques versets de l'Évangile. Nous adressions ensuite une prière au saint du jour, dont elle nous racontait un peu la vie. Puis elle nous accompagnait jusqu'à la grille du jardin et nous embrassait, en nous souhaitant une journée studieuse et bien remplie.

Mon père était un homme costaud dont la carrure puissante m'impressionnait. Il me faisait parfois peur parce qu'il lui arrivait d'entrer dans des colères terribles. Physiquement, je lui ressemble, j'ai sa force et j'en suis fière. Ma peau et mes cheveux sont foncés comme les siens, j'ai aussi son visage aux pommettes bien dessinées, tout en rondeur. Mais ma mère m'a donné la couleur de ses yeux clairs que nous prisons en Égypte.

Dans la famille de mon père, on possédait des terres agricoles mises en valeur et transmises aux fils, de génération en génération. Traditionnellement, les ouvriers cultivaient dans notre propriété le coton, le blé, le maïs, la luzerne et les moissons étaient abondantes sur ces terrains rendus fertiles par les crues du Nil qui y déposaient la richesse de son limon. Papa se rendait souvent à Alexandrie pour négocier et placer les revenus de ses récoltes. Il avait le sens des affaires et j'entendais dire qu'il excellait à la bourse.

Très fortuné, mon père n'avait pas pour habitude de thésauriser. Il aimait faire du bien et dépensait sans compter ses richesses, tant pour ses enfants et ses proches que pour des personnes démunies. Il avait un sens du partage dont j'ai hérité.

Jamais je n'ai vu mes parents se disputer. Ils se respectaient mutuellement et mon père n'a pas abusé de l'autorité que la société égyptienne accorde aux maris sur leurs épouses. Je lui en suis très reconnaissante.

Mes parents avaient des idées modernes en ce qui concerne la situation de la femme et son rôle dans la société. Ils n'ont jamais voulu que leurs filles se marient avant 21 ou 22 ans, dans un pays où les classes populaires leur faisaient épouser de force, dès 10 ou 12 ans, des hommes plus âgés. Ils désiraient au contraire que leurs filles choisissent leur futur mari, ce qui n'était pas conforme à la coutume. Ils étaient très en avance sur leur temps.

Au moment de répartir ses biens, mon père a tout distribué également entre ses filles et ses fils. C'était très novateur. La fille recevait d'ordinaire la moitié seulement de ce qui était attribué au garçon. Ma mère approuva mais mes oncles étaient furieux. Ils avaient le sentiment qu'on dilapidait les biens de la famille puisque les filles, en se mariant, allaient emporter une partie des propriétés et des richesses accumulées par les générations précédentes.

Mes parents eurent aussi à cœur de nous ouvrir l'esprit sur le monde, au-delà des frontières de l'Égypte. Le jeudi et le samedi après-midi, nous allions au cinéma pour découvrir la société occidentale, si différente de la nôtre. Je me souviens d'un film de cette époque qui avait beaucoup marqué mon imagination. C'était *Autant en emporte le vent*. J'avais été frappée non tant par l'histoire d'amour romantique entre Scarlett O'Hara et l'officier sudiste aux manières si galantes, que par l'image de la société américaine déchirée par le racisme et la lutte contre l'esclavage. Je posais mille questions à mes parents à ce sujet. L'Amérique du

Nord a toujours été une terre d'immigration pour les coptes d'Égypte qui faisaient fortune soit aux États-Unis, soit au Canada. Il y avait des membres de ma famille résidant dans ces pays et je voulais en savoir plus sur l'histoire de ces contrées lointaines. Mais ma préférence allait aux films comiques, en particulier ceux d'Ismaïl Yacine. Ils mettaient en scène des histoires d'amour avec des situations cocasses qui provoquaient nos fous rires.

Le plus souvent, nous allions au cinéma avec nos cousins. En rentrant, nos discussions sur le film que nous venions de voir étaient animées et nous avions droit à des goûters succulents. J'ai toujours aimé les sucreries. Maman préparait elle-même de délicieux *ataief* à base de pâte farcie aux amandes, du *mahallabeya*, un riz au lait avec des pistaches, parfumé à l'eau de rose, et des carrés d'*om ali*, une pâtisserie découpée dans une pâte feuilletée épaisse, fourrée de raisins secs, d'amandes et de crème.

Rien que d'évoquer ces desserts, j'en ai l'eau à la bouche !

Mes deux mères

Chère Emmanuelle, après tout ce que je t'avais raconté sur mon enfance, tu voulus rencontrer mes parents, mes frères et sœurs. Tu me confias d'ailleurs que, d'après la description que je t'en avais faite, tu les avais imaginés exactement comme ils étaient en réalité.

Tes premiers mots à ma mère furent pour la remercier. Je te connaissais mieux alors et ne fus pas vraiment surprise de t'entendre lui répéter de multiples fois :

— *Tahany ! Tahany ! Tahany !* Félicitations pour le cadeau que tu m'as envoyé ! Ta fille est la joie de ma vie !

C'était aussi un jeu de mots car le nom que mes parents m'ont donné est Tahany, qui signifie « félicitations ». Je suis née en effet un 3 janvier et au nouvel an chez nous, il est d'usage de présenter des félicitations. C'est notre façon de souhaiter une bonne et heureuse année. C'est pourquoi mes parents m'appelèrent Tahany et tu leur as dit que ce prénom m'allait à merveille.

Tu appréciais aussi beaucoup mon père que tu comparais à un patriarche. Il est vrai qu'en vieillissant, il avait pris un aspect très digne. Sa chevelure blanchie était restée abondante et lui conférait une grande noblesse. Quelle émotion pour moi de te voir dans la maison familiale, auprès de mes parents que j'aimais tant !

Je regardais mes deux mères.
La mère naturelle, pour qui j'ai toujours eu une affection débordante et toi, sœur Emmanuelle,

devenue ma mère spirituelle dans cette proximité singulière que nous vivions au nom du Christ ressuscité, dans le bidonville de La Palmeraie.

Lorsque ma mère, à 67 ans, quitta ce monde pour renaître au ciel, tu sus me consoler. Elle avait souffert d'une longue maladie et, pendant les dernières semaines de sa vie, se trouva plongée dans un coma à intermittences. J'étais à son chevet un jour où, redevenue consciente, elle demanda soudain :

— Est-ce que sœur Sara est arrivée ?

Je lui répondis :

— Je suis là, maman, auprès de toi.

Elle ouvrit les yeux. Je la serrai dans mes bras, puis elle retomba de nouveau dans le coma et se réveilla à plusieurs reprises, me réclamant encore et encore.

Après sa mort, ma tristesse a été compensée par ta présence. Tu avais trente-huit ans de plus que moi et tu me témoignais les sentiments d'une mère pour sa fille. Tu t'inquiétais pour ma santé. Tu me protégeais, car j'étais jeune et tu craignais la convoitise des hommes du bidonville, surtout lorsque l'alcool leur faisait perdre la tête. Ils respectaient notre état de religieuse consacrée, mais tu décidas de louer une chambre pour moi à Matareya, proche de l'appartement de ta congrégation. Tu préférais que je ne sois pas seule dans notre cabane quand, le samedi et le dimanche, tu rejoignais tes sœurs. Tu m'encourageais aussi dans les périodes difficiles que nous traversions et, au plan spirituel, ta foi fut toujours une inspiration. Tu savais me transmettre la force de ton amour pour Dieu et l'humanité. Si je ne t'avais pas aimée autant, je n'aurais pas supporté la vie au bidonville. C'est grâce à ta présence et à ton soutien que j'ai pu aller jusqu'au bout de mon engagement.

Mutilations barbares

Non, je n'ai pas subi les mutilations sexuelles qui te choquaient autant que moi. Ces coutumes cruelles continuent de sévir parmi des millions de petites filles de la vallée du Nil. Tu me posas directement la question le jour où une enfant du bidonville mourut de septicémie dans nos bras, après huit jours d'atroces souffrances.

L'excision est une tradition en vigueur dans les familles coptes et musulmanes de toute l'Égypte. Maman n'avait pas été épargnée mais plus tard elle tint bon et ne voulut jamais que cela arrive à ses filles. Tous nos proches ont fait de même. Cette mutilation des femmes est une coutume qui ne vient pas de nos pharaons. Aucune fresque ancienne ne la représente, aucun texte d'autrefois ne l'atteste. On pense qu'elle tire son origine de la haute vallée du Nil et qu'elle nous est venue des peuples nubiens du Soudan. C'est un phénomène culturel et non religieux. L'Église copte a pris position contre cette pratique et à partir des années 1940, de plus en plus de mères l'ont refusée pour leurs filles. Cette tradition barbare recommande de couper le clitoris et les petites lèvres pour obtenir un sexe féminin lisse et étroit, conformé exclusivement pour le plaisir de l'homme. L'infibulation qui se pratique au Soudan n'existe pas en Égypte.

J'étais curieuse et j'avais entendu parler de cette coutume, car des camarades, qui en avaient été victimes, m'en avaient parlé. Au village de mes grands-parents, alors âgée d'une dizaine d'années, j'ai assisté à une excision. J'en ai été profondément meurtrie et cela m'a inspiré un sentiment de révolte que je ressens encore chaque fois que je vois une fillette se traîner douloureusement, les jambes ensanglantées.
La mère tenait sa petite de 5 ans, qui se débattait apeurée, les yeux remplis de larmes. Elle lui avait plaqué le dos fermement contre sa poitrine pour l'empêcher de bouger. Deux tantes lui maintenaient les jambes écartées tandis que la matrone, qui est aussi l'accoucheuse – nous l'appelons « la sorcière » –, tranchait les parties externes de son sexe à l'aide d'un rasoir.

Le sang coulait à flots, c'était horrible à voir mais j'ai tenu bon, je voulais comprendre. Je me suis juré de tout faire pour lutter contre une telle barbarie. L'opération, pour ainsi dire, a duré moins de trois minutes, accompagnée des hurlements de la fillette qu'ont très vite couverts les youyous aigus des femmes.

Les hommes n'assistent jamais à l'excision et parfois les mères ne supportent pas d'y participer. Elles demandent à la grand-mère de les remplacer et s'éloignent en pleurant. Elles reviennent quand c'est fini donner des soins à la petite. Pendant plus d'un mois, les douleurs sont terribles. Tout l'entrejambe est enflé, ce qui rend la marche difficile. Les risques sont sérieux pour la santé et il y a de nombreux cas mortels de septicémie. D'autant que dans les villages on applique, encore aujourd'hui, des pansements prétendument cicatrisants à base de cendres, quand ce n'est pas de bouse de vache !
Sur le plan psychique, l'impact, bien sûr, est très négatif. J'ai observé que les règles de jeunes filles excisées sont plus compliquées et plus douloureuses. La vue du sang ravive leur traumatisme.

Chez les chiffonniers, certaines nuits de noces, le mari ou la belle-mère trouvaient que l'épouse n'était pas bien excisée. Or ils voulaient à tout prix que la femme soit froide, estimant qu'ainsi elle ne serait pas tentée de tromper son mari. Ils faisaient donc revenir la sorcière pour couper les protubérances de son sexe. C'était un cauchemar pour la jeune mariée. J'ai remarqué que chez les femmes adultes, cette nouvelle mutilation les vidait de leurs forces. Elles ne s'en remettaient pas et mouraient jeunes, le cœur sans doute affaibli par une douleur trop brutale et par l'infection qu'entretiennent les rapports sexuels car leurs maris n'attendent pas qu'elles cicatrisent.

Il y a d'autres coutumes barbares qui perdurent le soir des noces. Il arrive souvent que le mari exige que sa femme soit déflorée au couteau par la sorcière devant toute la belle-famille. Il veut que tous aient la preuve de la virginité de son épouse. Une nouvelle fois, on fait couler le sang des femmes. Une nouvelle fois, on les humilie.

Cette cruauté, nous en avons été témoins au bidonville. Les jeunes filles venaient se blottir contre nous, en tremblant la veille de leur mariage. Comment les consoler ? Nous priions avec elles et bien souvent je pleurais. Tu ne pleurais pas, Emmanuelle, car ce n'était pas dans ton tempérament. Mais si tes yeux restaient secs, je voyais la tristesse envahir ton visage.

Tu t'emportais souvent à ce sujet. Nous nous sommes plusieurs fois demandé pourquoi de telles coutumes persistaient. Les seules réponses étaient à nos yeux l'égoïsme masculin et le manque d'éducation. Cela renforçait notre détermination à faire évoluer la situation de la femme en instruisant les petites filles.

Je me souviens d'une noce où j'avais été invitée. La mariée était une de nos élèves, très brillante mais, malheureusement, ses parents l'unissaient de force à un fils de paysan sans éducation. J'avais été prévenue par une sœur de ce garçon que la belle-famille avait demandé à l'exciseuse de venir pour déflorer la nouvelle épouse devant eux. J'étais révulsée à l'idée qu'elle serait ainsi humiliée et maltraitée. Alors j'ai prié, prié de toutes mes forces pour la jeune fille.

Une de mes amies françaises, qui enseigne la broderie et la couture chez nous, lui avait apporté une robe élégante qui lui allait à merveille. Elle était jolie comme un ange le jour du mariage. Je remerciai le Seigneur d'avoir permis qu'on lui ait trouvé une aussi belle tenue et suppliai qu'Il lui épargne une défloration humiliante et douloureuse.

On fit pression sur moi pour que je parte à la fin du repas, mais je ne cédai pas. En ma présence, la famille n'a pas osé faire intervenir la matrone et finalement les époux sont montés seuls dans la chambre. J'avais été exaucée ! Elle, au moins, ne subirait pas la coutume et j'ai loué le Seigneur.

L'Église copte combat l'excision depuis plus d'un demi-siècle. Nos prêtres enseignent qu'il faut respecter le corps de la femme tel que Dieu l'a créé, sans le mutiler. Et le gouvernement égyptien a déclaré cette pratique illégale depuis une dizaine d'années, lançant une campagne de lutte appuyée par l'Unicef. Trop de fillettes en meurent, même si aujourd'hui on les excise à l'hôpital, sous anesthésie générale dans les familles riches. Mme Moubarak, l'épouse de notre président, de père égyptien et de mère anglaise, travaille avec beaucoup d'énergie sur cette question, en concertation avec la jeunesse. C'est à travers l'éducation que l'on change les mentalités et que l'on fait évoluer les coutumes.

Toi aussi, sœur Emmanuelle, tu as constamment défendu la dignité de la femme égyptienne. Tu tentais de convaincre les mamans d'épargner leurs filles. Tu leur disais que c'était contre la volonté de Dieu, qu'il s'agissait d'une pratique criminelle. Nous avons sauvé ensemble un grand nombre de fillettes et obtenu que 20 % d'entre elles soient épargnées. C'est peu en un sens, mais c'est beaucoup comparé au taux moyen de l'Égypte qui compte seulement 4 % de filles non excisées.

Mes études

Mes parents eurent à cœur de nous donner une éducation qui nous préparait à prendre des responsabilités dans la vie. Ils nous ont inscrits dans des écoles privées de langue française, très chics et très chères, car ils voulaient que leurs enfants voyagent et connaissent d'autres pays et d'autres cultures.

Je suis allée d'abord au jardin d'enfants, puis en primaire, puis au cours préparatoire (qui correspond au collège en France). Après le brevet, j'ai passé trois années à perfectionner mon français. Mes frères et moi avons étudié chez les sœurs de Saint-Joseph de Lyon. Je portais un uniforme strict à l'occidentale, avec un joli corsage à carreaux blancs et bleus, une jupe plissée et un tablier aux poches boutonnées. Sur notre béret bleu marine étaient brodées les lettres *SJ*, pour *Saint Joseph*. Une tenue correcte était exigée, sinon les élèves recevaient une punition. Quand on oubliait son béret par exemple, il fallait écrire cent lignes de « Je ne vais plus oublier mon béret ».

Je détestais ce pensum et comme il m'est arrivé plusieurs fois de devoir écrire cent lignes pour différentes négligences, j'avais inventé une technique qui me faisait gagner du temps. Je n'écrivais correctement que le début des pages, puis après, je fixais solidement trois crayons à mes doigts à l'aide d'élastiques. Ainsi je réussissais à écrire trois lignes à la fois et personne n'a jamais découvert la supercherie.

Le jour où je t'ai raconté cette histoire, tu as voulu essayer d'écrire avec trois crayons. Malgré mes efforts et mon application pour t'équiper les doigts comme je le faisais dans mon enfance, tu n'es arrivée qu'à former des pattes de mouche illisibles. J'ai essayé à mon tour et j'avoue que ma démonstration n'a pas été très convaincante. Il ne faut pas vouloir, adulte, refaire ce qu'on réussissait sans peine étant enfant ! En tout cas, nous avons bien ri.

Les vingt-huit religieuses de l'école Saint-Joseph étaient très attentionnées et témoignaient beaucoup d'affection aux enfants. En plus des heures de cours dans les diverses matières, nous avions des classes de peinture, de musique et de broderie.

Parmi mes professeurs, celle que je préférais était sœur Rose-Marie. Elle n'était pas très grande de taille et paraissait frêle sous son habit sombre, avec son long voile, sa cornette et son col blanc. J'ai vu des photos de toi, Emmanuelle, où plus jeune tu portais aussi ce genre de tenue. C'est après Vatican II seulement que tout a changé et qu'on a simplifié considérablement votre costume religieux. En tout cas, ta blouse et ton fichu étaient parfaitement adaptés au mode de vie du bidonville où l'on n'aurait pas pu imaginer une sœur en habit traditionnel.

Petite, je me souviens d'avoir été fascinée par les religieuses. Avec mes camarades nous étions très intriguées et nous demandions si elles étaient des femmes comme les autres, sous leurs grandes jupes noires. Après, vers 12 ou 13 ans, on les a mieux comprises. Au fur et à mesure que nous grandissions, elles devenaient des amies. Je me passionnais pour tout ce qu'elles m'enseignaient, en particulier l'histoire, la morale, le catéchisme, la musique et aussi la peinture.
J'ai confié à sœur Rose-Marie mon désir de prendre le voile, car je l'ai ressenti dès l'âge de 12 ans et elle m'a beaucoup aidée à y voir clair. Quel bonheur inespéré lorsque je l'ai revue des années après en France ! C'était en 1991, j'étais interviewée sur Radio Fourvière, à Lyon. Comme le journaliste me demandait où j'avais appris le français, j'ai répondu que j'avais fait mes études chez les sœurs de Saint-Joseph. Il se trouve que sœur Rose-Marie, alors à la retraite et âgée de 71 ans, écoutait l'émission. Elle a aussitôt téléphoné et nous avons eu la joie de nous retrouver après une séparation de vingt-huit ans. Ce fut

une émotion indescriptible. Nous avons ri, pleuré dans les bras l'une de l'autre. Tout le passé de Minieh nous submergeait. C'était comme si on revenait des années en arrière. Les souvenirs remontaient et nous n'arrivions plus à nous quitter. Elle est venue plusieurs fois nous rendre visite au Mokattam.

Sœur Rose-Marie a décidé de rejoindre l'Opération Orange[1], où elle a été responsable des parrainages de nos lycéennes jusqu'à son dernier souffle : un soir de janvier 1998, en rangeant ce dossier, elle fut frappée d'une attaque qui l'emporta en quelques heures. Comme nous venions d'ouvrir le jardin d'enfants, j'ai tenu à donner son nom à notre première garderie qui est devenue le Jardin d'enfants Rose-Marie.

À l'époque de mes études secondaires, ma matière scolaire préférée était l'histoire. Histoire très riche de l'Égypte et aussi de la France, dont la langue et la culture me captivaient. Nos deux pays ont toujours été très proches et les Égyptiens aiment beaucoup la France.

Petite, je n'étais pas une élève très brillante. Adolescente, je fis néanmoins de gros progrès. Je n'ai cependant jamais égalé Souad, ma sœur

---

1. Association de soutien à sœur Emmanuelle et sœur Sara, fondée par Jean Sage, dit « l'Ami Jean », en 1989.

aînée, toujours première de sa classe. J'étais une élève joyeuse qui entraînait les autres. Il m'arrivait d'être dissipée. Sœur Rose-Marie me décrivit d'ailleurs plus tard comme une élève indisciplinée, qui s'arrangeait parfois pour laisser les autres se faire punir à sa place ! Mais ce n'a pas toujours été le cas et je t'ai beaucoup amusée en te racontant ce souvenir.

Un après-midi, mes camarades de classe et moi étions vraiment préoccupées car nous n'avions pas appris par cœur la poésie au programme pour le cours de français. Que faire ?

Très sûre de moi, avec une copine, je leur dis :

— Calmez-vous, on va faire le nécessaire.

Nous sommes allées voir notre professeur et, avec aplomb, j'ai déclaré :

— Aujourd'hui, c'est l'anniversaire de ma sœur, est-ce qu'on pourrait lui faire une surprise en le lui fêtant ?

La religieuse a accepté. Résultat, on a mangé des bonbons, on a chanté, et le cours de poésie avec récitation n'a pas eu lieu ! Mais voilà, ma propre sœur m'a trahie. Elle a tout raconté à la maîtresse. On a écopé d'une semaine de punition et j'ai dû passer dans toutes les classes en expliquant ce que j'avais fait devant les élèves qui se sont moquées de moi ! Je l'avais bien mérité mais à l'époque j'étais furieuse contre la trahison de ma sœur.

À 18 ans, j'ai préparé un diplôme de commerce suivant le désir de mon père. Mais je souhaitais soigner les autres, c'est pourquoi je m'inscrivis ensuite à l'école d'infirmières de Minieh pendant deux ans, jusqu'en 1973.

Quand je t'ai rencontrée, tu as voulu que je perfectionne mon anglais. Tu m'as envoyée à Londres, dans un couvent des sœurs de Notre-Dame de Sion. Matin et soir, je me rendais dans un institut pour six heures de cours de langue intensifs. J'ai apprécié de pouvoir parler plus couramment l'anglais et j'ai été très entourée par les religieuses de ta communauté. Mais je ne comprenais pas la froideur du tempérament britannique. Je me souviens que le matin, je disais : « *Good morning. How are you ?* » à mes professeurs et je constatais, très étonnée, qu'ils ne daignaient même pas me répondre. Ni une parole ni un sourire. Je ne m'y suis jamais vraiment habituée. Au bout de trois mois, j'ai été ravie de retrouver la spontanéité chaleureuse des Égyptiens.

Cette formation m'a aidée dans notre travail au bidonville, mais tout ce que j'ai pu réaliser, j'estime que je le dois à la grâce de Dieu et à ton amour.

Dieu m'appelle

Une éducation du cœur

Lorsque tu rencontras ma mère, elle t'expliqua que, petite, j'avais démontré des prédispositions pour le travail que j'allais faire plus tard avec toi auprès des *zabbalin*. Enfant, je voulais toujours donner tout ce que je possédais. J'étais très sincèrement persuadée qu'il n'était pas normal d'avoir trop de choses. La richesse des uns me choquait face à la pauvreté des autres.

À chaque récolte de coton, mon père offrait cinquante livres égyptiennes à tous ses enfants. J'en donnais la moitié aux pauvres et achetais avec le reste des choses utiles pour la maison. Ma mère riait quand elle me voyait rentrer avec des serviettes de toilette, des nappes ou des rideaux. Elle aurait voulu que j'en garde une partie pour moi. Mais je désirais toujours faire plaisir aux autres. J'aimais m'oublier et ne me sentais pas privée de ce que j'offrais. Mes sœurs avaient beaucoup de robes, je me contentais de deux ou trois seulement. J'étais toute joyeuse de distribuer aux pauvres l'argent ainsi économisé.

Comme j'avais constaté que mes sœurs ne portaient plus certaines de leurs robes, je pris sur moi de les offrir à des filles pauvres. Un jour, à la messe, voilà qu'une fille vêtue d'une robe que je lui avais donnée vient s'asseoir à côté de ma sœur qui la regarde, étonnée. Arrivée à la maison, elle fouille dans son placard. Évidemment, la robe qu'elle cherchait n'y était plus, alors elle s'est plainte à maman.

Ma mère m'appela :

— Tahany, tu ne dois pas prendre les robes de tes sœurs pour les donner, contente-toi de donner les tiennes.

— Mais maman, cette fille n'avait pas la même taille que moi. Aucune de mes robes ne lui serait allée. C'est pour ça que j'ai pris une robe de ma sœur, d'autant qu'elle ne la porte plus depuis longtemps. D'ailleurs, si elle ne l'avait pas vue sur le dos d'une autre, elle ne se serait même plus rappelé son existence. Elle en a tellement dans sa penderie !

—Tahany, tu n'as pas raison. Tu aurais dû demander l'autorisation de ta sœur ! C'est normal qu'elle soit mécontente.

Quand je raconte cette histoire au cours de nos conférences, les gens rient et l'Ami Jean ajoute :

— Je tiens à vous prévenir que ma petite sœur égyptienne n'a pas changé. Elle est venue pour prendre notre superflu afin de le donner à ses amis, les pauvres !

Malgré toute la richesse qui m'entourait, je n'étais pas gâtée. Car mes parents pensaient à

Dieu m'appelle

ceux qui étaient moins fortunés que nous et voulaient nous apprendre à partager. Ma mère préparait toujours une assiette pour le pauvre ou le mendiant de passage. Elle le servait le premier, en disant :

— C'est pour le Christ qui est parmi nous.

Combien de fois ai-je vu mes parents venir en aide aux malheureux sur qui le mauvais sort s'acharnait ! Ils ne s'arrêtaient pas à la religion de ceux qui étaient dans le besoin et secouraient aussi bien les chrétiens que les musulmans.

Je me rappelle Hamed, un ouvrier agricole de confession islamique. Il tomba malade et mourut au bout de trois mois. Mon père prit soin de sa femme et de ses trois enfants qui furent accueillis à la maison pendant une vingtaine d'années. Ils allaient à l'école avec nous et ma mère les traitait comme ses propres enfants. On jouait ensemble. Pendant le ramadan, on partageait le repas du soir.

Dans la maison, il y avait plusieurs bonnes qui aidaient maman car la villa et le parc étaient immenses, ce qui exigeait beaucoup de travail. Mais ma mère ne voulait pas que l'on méprise les employés et elle veillait à ce qu'ils soient bien traités ainsi que leurs enfants. Il est arrivé qu'elle me demande de partager mon lit avec la fille de telle ou telle bonne.

Papa aurait voulu nous accompagner quelques fois à l'école en voiture, mais ma mère lui disait :
— Non, il faut que nos enfants y aillent à pied comme les autres. Je ne veux pas qu'ils se sentent privilégiés. Et de toute façon, six ou sept minutes de marche leur feront du bien.

Nous devions mettre notre argent de poche dans une tirelire pour le porter aux orphelines. À l'école également, chaque samedi, nous donnions de l'argent pour les pauvres de l'école gratuite. À chaque fête de Pâques ou de Noël, on devait acheter une robe pour une fille pauvre de cette école. Quatre fois par mois, les sœurs nous emmenaient au bord du Nil rencontrer les gens qui vivaient dans des huttes de paille. Nous leur parlions, prenions de leurs nouvelles et leur apportions de la nourriture. Parfois, nous aidions les mères à nettoyer les enfants.

L'éducation que j'ai reçue, tant à la maison qu'à l'école, m'a fait prendre conscience de la nécessité de me préoccuper des autres qui avaient moins que moi.

J'ai grandi sous le regard d'amour de Jésus

À l'âge de 8 ans, pendant les vacances dans le village de mes grands-parents, j'ai demandé à parler au prêtre. Je lui dis que je me sentais prête

Dieu m'appelle

à enseigner le catéchisme aux enfants, car je connaissais par cœur tout le programme. Il était réticent :

— Tahany, tu as l'âge des autres enfants ! Comment peux-tu imaginer avoir quelque chose à leur apprendre ?

Mais je n'étais pas à court d'arguments et je m'adressais à lui comme s'il avait été mon élève. Je me souviens de lui avoir dit que dans ma vie d'enfant il y avait de multiples occasions de méditer la parole de Jésus. Que ce soit dans le rapport avec mes parents, mes frères et sœurs ou mes camarades. Les paroles de Jésus apportaient une lumière d'amour aux choses les plus simples du quotidien. Je crois que j'ai été suffisamment éloquente, de sorte qu'après avoir testé ma détermination, le prêtre accéda à ma requête. Il proposa d'organiser une séance d'essai avec une centaine de garçons et de filles. Il constata que je réussissais à les intéresser. Après avoir renouvelé l'expérience en sa présence plusieurs fois de suite, il accepta que je m'adresse, deux fois par semaine, à des enfants dont certains étaient plus âgés que moi.

Je désirais sincèrement partager ce que j'avais appris au catéchisme dont les cours me passionnaient tant que je les suivais à la fois à l'école et à l'église. C'était curieux pour mon âge et assez inhabituel. Je m'étais vraiment imprégnée du

Nouveau Testament et saisissais toutes les occasions d'y réfléchir.

Je relisais aussi par moi-même les Évangiles. Je me souviens que les miracles accomplis par Jésus me fascinaient. Le miracle qui me touchait le plus à l'époque était celui des noces de Cana. Le fait que le Christ commence son enseignement à la demande de la Vierge renforçait ma vénération pour Marie.

Quand son Fils lui dit : « Mon heure n'est pas encore venue » et que dans un premier temps il refuse de changer l'eau en vin, Marie insiste avec douceur mais fermeté. Elle évoque la tristesse des jeunes mariés. On ne peut pas leur gâcher ce jour si important de leur vie. Il faut faire preuve de compréhension et les satisfaire. Marie sait que cet argument va toucher le cœur de son fils. Comment pourrait-il être insensible à la détresse humaine, lui qui est venu porter toute notre souffrance ?

Il est soudain rempli de compassion pour les jeunes époux, sensible à la demande de sa mère qui a intercédé en leur faveur. La Vierge appelle les domestiques. Pas un instant elle ne doute de son fils. Elle ordonne : « Tout ce qu'il vous dira, faites-le ! » Quand on découvre l'eau changée en un vin excellent, ce signe révèle aux disciples la nature divine de Jésus.

Cet évangile montre la très grande place de la Vierge dans l'histoire du Seigneur. Non seulement elle lui a donné la vie, mais c'est elle qui obtient de lui le premier miracle. Petite, j'ai été impressionnée de constater son influence. Quand nous nous sommes rencontrées, chère sœur Emmanuelle, je t'en ai parlé et nous avons souvent médité ensemble ce miracle présenté dans un contexte tellement humain.

Tu me confias qu'à la place de Jésus, tu aurais dit que les convives avaient déjà bien bu. Pourquoi les rendre encore plus ivres ? Tu n'aurais rien fait. À la différence du Christ qui aime les gens tels qu'ils sont. Il pense que cela ferait plaisir aux jeunes mariés d'offrir du vin. Même si les convives en boivent un peu trop, ce n'est pas grave ! Mais c'est Marie qui lui dessille les yeux. Elle ouvre son regard.

Le texte de l'Évangile témoigne du degré de foi de la Vierge. Chaque détail a un sens. Tu m'appris que la psychanalyste française Françoise Dolto avait longuement commenté ce miracle. Selon elle, à Cana, Jésus naît à sa mission évangélique et Marie en est l'initiatrice. De même qu'une femme enceinte sent arriver le moment de mettre son enfant au monde, Marie sait qu'est venue l'heure de son fils. À partir d'une observation banale, tirée de la vie ordinaire, « les convives n'ont plus de vin », elle fait comprendre à Jésus qu'il doit maintenant accomplir sa mission. Car il est présent parmi les hommes pour combler le manque fondamental que l'être humain creuse en son cœur lorsqu'il s'éloigne de Dieu. Ce manque est représenté symboliquement ce jour-là comme le vin qui fait défaut à un banquet de noce. Marie met Jésus en demeure de manifester son pouvoir et d'être reconnu.

Sans avoir formulé tout cela de manière aussi précise quand j'étais plus jeune, je l'avais intuitivement compris. Pour moi, la Vierge représentait une tendresse encore plus grande que celle de ma mère. Je la voyais comme la mère de ma mère puisqu'elle est notre mère à tous. La Vierge est très présente dans la foi de notre communauté copte d'Égypte. Lors du massacre des Innocents, quand le roi Hérode menaça de tuer tous les enfants nouveau-nés d'Israël, notre pays a été une terre de refuge pour Marie. Et depuis, la Vierge est apparue à plusieurs reprises en différents lieux où des églises furent ensuite construites pour lui rendre un culte.

J'ai toujours beaucoup prié Marie et je n'oublierai jamais dans quelles conditions elle m'a particulièrement exaucée. C'était en la cathédrale de Mariazell, en Autriche, où la Vierge a accompli beaucoup de miracles. En 1985, j'étais partie avec toi pour un voyage en Europe, en laissant ma petite sœur enceinte, bouleversée parce que ma mère venait de mourir. Elle en était à son quatrième mois de grossesse et je craignais qu'elle n'arrive pas à terme.

Assise à côté d'une fenêtre près de la statue de la Vierge sculptée dans le bois, je m'adressai alors à Marie :

— J'ai perdu ma maman. Tu es maintenant ma mère et je te confie ma sœur.

J'entendis soudain la Vierge me répondre en arabe :

— N'aie pas peur ! N'aie pas peur ! Ta sœur aura un fils. Elle l'appellera John et il n'y aura aucune complication ni pour sa grossesse ni pour son accouchement.

À ces paroles, je sentis mes cheveux se dresser sur la tête puis je me mis à pleurer, pleurer. Je n'ai rien dit à personne, je ne me suis même pas confiée à toi.

Je revis ma sœur à son septième mois de grossesse et lui annonçai qu'elle aurait un garçon. Elle était déjà mère de deux fillettes et répliqua que, garçon ou fille, cela importait peu, pourvu qu'elle garde son bébé. Je l'engageai à ne pas se faire de souci et ajoutai :

— Tu appelleras ton fils John.

Elle sursauta :

— Certainement pas ! Je n'aime pas du tout ce prénom. On a des voisins qui ont un garçon prénommé ainsi, et il n'arrête pas de faire des bêtises.

Je n'insistai pas et, quelques jours avant l'accouchement, j'allai de nouveau lui rendre visite et lui répétai qu'elle aurait un garçon et l'appellerait John. Intriguée, ma sœur me demanda pourquoi j'étais si sûre de moi et insistais pour qu'elle donne ce prénom à son fils. Je lui expliquai que la Vierge l'avait prédit. Ma sœur fut très émue et encore plus surprise de ce qui arriva ensuite.

Elle avait énormément souffert lors de ses deux accouchements précédents mais celui-ci fut très facile. Elle mit son enfant au monde, avant même que le médecin n'arrive. Quand elle vit que c'était un garçon, son mari et elle décidèrent de l'appeler John et ils rendirent grâces à Marie.

J'ai retrouvé en toi, sœur Emmanuelle, un même degré d'amour de la Vierge. Et j'en ai été bouleversée. J'ai remarqué d'emblée ton désir de protéger tout le monde, de faire justice à tout le monde. Sans la Vierge avec sa pureté, jamais le Christ ne se serait incarné. Et si tu n'étais pas venue partager le sort des chiffonniers, en vivant comme eux, avec eux, en acceptant d'être *Ableti*, leur grande sœur, jamais de tels progrès n'auraient été accomplis. Car personne ne pensait à eux. Tu as eu le destin singulier d'être sur terre celle qui leur transmettait l'amour et la tendresse du cœur de Marie.

J'ai compris cela dès les débuts de notre rencontre. C'est pourquoi je t'ai suivie.

Dieu m'appelle

J'ai senti l'appel de Dieu très tôt. J'avais à peine 12 ans. Comme à tous les enfants, on me posait la question : « Qu'aimerais-tu faire plus tard, quand tu seras grande ? » Je répondais invariablement : « Quand je serai grande, je serai religieuse. » Je n'avais pas d'hésitation.

Non seulement j'ai eu souvent, très jeune, envie et même besoin de prier, mais j'aimais aussi m'isoler pour contempler la nature. Surtout, je désirais depuis toujours venir en aide à ceux qui avaient moins que moi et je leur distribuais mes affaires. Partager, donner du bonheur étaient essentiels dans ma vie. Je sentais que je devais être avec les pauvres et je ne voulais pas fonder de famille pour mieux me dévouer et consacrer le plus de temps possible à la prière.

Tandis que je grandissais, l'appel de Dieu devenait de plus en plus pressant. Je ne souhaitais rien faire d'autre que de prier et soulager la misère autour de moi. Je n'étais pas coquette, les garçons ne m'intéressaient pas. Je ne me souviens pas d'être tombée amoureuse. Je voyais vivre les sœurs de l'institution religieuse où j'étudiais et je les aimais énormément. Mon modèle était la Sainte Vierge qui s'était consacrée au monde. Être vierge pour servir les autres, tel était mon idéal de jeune fille.

Un jour, j'entendis parler de Mgr Athanasios chez des amis. Le métropolite de Béni Suef venait de créer une congrégation de sœurs actives, les Filles de Marie. Il rompait avec la tradition des religieuses contemplatives cloîtrées.

J'attendais cela depuis si longtemps ! Cette nouvelle me parut inespérée. Je pris de plus amples renseignements. C'était si étonnant que, dans un premier temps, je crus que les Filles de Marie étaient des contemplatives qui, au bout de quelques années, après avoir fait leurs preuves, recevaient l'autorisation de devenir des sœurs actives. Mais non ! Dans cet ordre récemment créé, les religieuses étaient présentes, dès leur prise de voile, auprès de ceux qui souffrent. Elles accomplissaient un véritable travail dans des asiles de vieillards, des dispensaires, des jardins d'enfants. Exactement ce que je ferais plus tard avec toi, Emmanuelle, dans les bidonvilles du Caire. Mais j'ignorais que cette inclination dont

Dieu m'appelle

j'avais pris conscience me conduirait si loin, dans un milieu si profondément différent de tout ce que j'avais connu jusque-là.

Je ne tardai pas à rendre visite à Mgr Athanasios. Je lui expliquai pourquoi je désirais me consacrer entièrement au Seigneur. Il m'écouta, je me sentis comprise de lui. Il me conseilla de venir passer deux à trois jours par mois au couvent de Béni Suef, au sein de la communauté. C'est ce que je fis pendant deux ans et demi très régulièrement, à partir de 1970. Ma famille n'était pas au courant. On me voyait très occupée puisque j'avais pris un poste de professeur de français à l'école des sœurs de Saint-Joseph et qu'en plus, je m'étais inscrite à des cours de théologie.

Le prêtre qui me suivait depuis mon enfance, Abuna Sidaros, et qui était également mon confesseur, me conseillait d'être une sœur contemplative. Mais cela ne correspondait pas à mon désir de m'occuper des pauvres. J'éprouvais le besoin d'être en relation avec les autres. Je ne pouvais m'imaginer être une religieuse cloîtrée, sans avoir le droit de sortir, dans un ordre qui cultive la prière et l'adoration, comme les franciscaines ou les dominicaines.

Tout en priant le Seigneur de m'éclairer, je pris ma décision seule. J'avais demandé au Seigneur de me donner un signe car, à 25 ans, j'avais hâte de concrétiser mon désir. Déchirée par ce dilemme entre la voie que me proposait mon directeur de conscience et mon attirance pour les Filles de Marie, je me souviens d'avoir beaucoup pleuré. Un jour, je pris la Bible et l'ouvris par hasard à la page de l'évangile de saint Luc, où Pierre dit à Jésus : « Nous avons tout laissé pour te suivre[1]... »

C'était le signe que j'attendais. J'ai démissionné de mon poste de professeur à l'école des sœurs, en disant à ma famille que j'allais faire une retraite d'une semaine à Béni Suef, au couvent des Filles de Marie. Ils ont accepté, sans se douter que je partais définitivement. J'avais dit la vérité seulement à l'une de mes sœurs que j'aimais beaucoup, en lui confiant certains objets qui appartenaient à l'église, pour qu'elle puisse les rendre.

Deux semaines plus tard, mes parents m'ont téléphoné, étonnés de mon absence qui se prolongeait. J'étais censée m'absenter juste pour quelques jours :

— Pourquoi n'es-tu pas revenue ? interrogea mon père.

— Papa, je veux rester encore une semaine.

---

1. Luc 18,28.

Et ainsi de suite, ils appelèrent de semaine en semaine. À la fin, comme ils me pressaient de questions, très inquiets, je leur dis que j'avais pris ma décision. J'avouai avoir donné ma démission à l'école et rendu mes affaires à l'église. Mes parents furent accablés de tristesse et ma mère tomba malade.

Mon père était furieux car il voyait sa femme submergée de chagrin. Ma mère me dit un jour :

— Tahany, si tu penses que c'est ton chemin, suis-le ! Mais je t'en prie, attends que je sois morte !

Et un matin, mon père, ma mère et mon oncle maternel se présentèrent sans m'avertir à la porte du couvent des Filles de Marie. Ils étaient bien déterminés à me faire rentrer avec eux, sous la contrainte.

Je refusai de les suivre et proposai d'aller voir Mgr Athanasios qui était là. Mon père refusa de le rencontrer. Alors Mgr Athanasios, que j'avais prévenu, nous rejoignit en personne dans ma chambre. Mon oncle lui dit :

— Nous savons bien que c'est son choix, mais nous voulons qu'elle partage son temps entre la maison et la congrégation.

Mgr Athanasios me demanda de répondre. J'étais désolée de causer tant de peine à mes parents, de voir la tristesse de ma mère. Mais l'appel du Seigneur était le plus fort et je n'envisageais pas de revenir en arrière. Alors, d'une voix aussi assurée que possible, je déclarai :

— C'est fini, j'ai pris ma décision. Je veux rester dans l'ordre des Filles de Marie, sous l'autorité de Mgr Athanasios.

L'évêque se leva sans faire aucun commentaire. Il nous invita à partager son repas. Ma famille accepta et il nous réunit ensuite dans un parloir pour qu'ensemble nous décidions de mon avenir.

Mon père s'était un peu rasséréné en apparence. Il me posa calmement une première question :

— Tahany, y a-t-il dans ta vie un jeune homme dont tu nous as caché l'existence ?

Je ne m'attendais pas à cette demande. Mon père me connaissait-il si mal ? Je tentai de cacher ma surprise et le regardai droit dans les yeux :

— Non, papa.

Il reprit :

— Tu étais malheureuse à la maison et c'est pour cela que tu veux être religieuse ?

— Non, papa, répondis-je, triste à l'idée que mes parents, qui avaient tant fait pour mon éducation et mes vacances, aient pu penser que je ne leur en étais pas reconnaissante.

Enfin mon père me posa cette troisième question :

— Tahany, quelqu'un a-t-il fait pression sur toi ?

Dieu m'appelle

J'affrontai de nouveau son regard et affirmai que non. Alors mon père conclut sévèrement, d'un ton qui n'admettait pas la réplique et me fit mal :

— Tahany, nous sommes samedi aujourd'hui. Je ne vais pas t'emmener de force comme une gamine. Je te laisse réfléchir toute la journée de demain. C'est dimanche, tu vas prier le Seigneur. Je te laisse jusqu'à lundi pour rentrer. Si lundi soir tu n'es pas revenue, mardi matin j'arrive ici avec mon revolver et je tire sur toi et l'évêque !

J'étais accablée. Je ne savais plus que dire, que faire. J'ai raccompagné mes parents et mon oncle à la gare. Sur le quai, maman m'a prise dans ses bras en pleurant :

— Tahany, tu es la fille de la Vierge. Je ne veux pas faire preuve d'égoïsme. Si tu es sûre que Dieu t'appelle, je te confie à la Vierge et au Christ. En ce cas, ma chérie, ne reviens pas !

À ces mots, mon père a regardé ma mère en déclarant :

— Si tu rentres à la maison sans pleurer, sans regretter de laisser ta fille au couvent, si tu n'es plus malade, moi aussi, j'accepte sa décision. Je la confie au Christ et ne ferai plus rien pour empêcher sa vocation.

J'étais émue aux larmes, bouleversée par cette journée de drame, triste de faire autant de peine à mes parents que j'aimais infiniment. Nous nous sommes quittés en nous embrassant. Le lundi, je ne suis pas rentrée. J'ai appelé ma mère. Elle m'a dit qu'elle respectait mon choix. Mon père me pria de l'excuser auprès de Mgr Athanasios pour la menace qu'il avait proférée.

Je remerciai le Seigneur d'avoir ramené la paix dans le cœur de mes parents et dans mon cœur.

Je deviens sœur Sara

Soixante-douze jours après mon entrée au couvent des Filles de Marie, je suis devenue « Celle qui donne le bonheur », sœur Sara. J'ai pu prendre le voile et prononcer mes vœux définitifs dans des délais courts car l'évêque avait tenu compte de la période de deux ans et demi où j'avais fait des allers-retours entre la maison de mes parents et le couvent. Mon cas n'était pas ordinaire. Je m'étais mise en relation avec la congrégation trois ans auparavant, en y passant toutes mes vacances. Mais surtout, Mgr Athanasios avait apprécié ma détermination et senti que ma vocation était solide. On était en 1973, j'avais 27 ans.

Lors de la cérémonie de prise de voile, j'ai eu la joie que ma famille soit présente. Mes parents m'avaient donné finalement leur bénédiction et je crois qu'ils étaient fiers de ma décision. J'aurais été trop triste de devoir lutter contre eux. J'ai

Dieu m'appelle

apprécié le fait qu'ils aient accepté mon choix d'une vie religieuse comme un cadeau béni de Dieu.

Ils étaient accompagnés de mes frères et sœurs au grand complet, mes cousins et cousines qui avaient été les compagnons de jeux de mon enfance, mes oncles, mes tantes toujours si bienveillants avec moi. Je leur suis reconnaissante du bonheur qu'ils m'ont donné en se réunissant autour de moi pour cette occasion. Nous avons fait une grande fête et je me souviens qu'ils avaient apporté des mets délicieux pour célébrer cet événement.

Devant toute la famille, mon père a déclaré :

— C'est un mariage. Ma fille épouse le Christ. Je vous invite à faire la fête !

Il ajouta en riant :

— Est-ce que ce n'est pas extraordinaire ? Le Christ est mon gendre !

Plus tard il prit l'habitude de venir me voir quatre ou cinq fois par an. Il avait complètement admis l'orientation que j'avais donnée à ma vie. Il était heureux de me savoir heureuse car je n'ai jamais regretté d'être religieuse.

Quand je te rejoignis, sœur Emmanuelle, deux ans plus tard, en 1975, je préférais que mes parents ne viennent pas me rendre visite au bidonville. Cela aurait été trop dur pour eux, malgré toute leur générosité. Comment ma mère aurait-elle pu supporter de voir sa fille vivre dans de telles conditions ? Elle se serait forcément inquiétée pour moi. Et elle était déjà usée par la vie. Après plusieurs grossesses rapprochées, son cœur était fatigué. Je crois qu'elle aussi a préféré ne pas me rendre visite.

Mes frères et sœurs sont venus et ce fut éprouvant pour eux et aussi pour moi en conséquence. Ma sœur préférée en a été malade. Elle a vomi, elle se sentait au bord du malaise. Je sais qu'elle pleurait ensuite souvent, chaque fois qu'elle pensait à moi. Elle n'arrivait plus à dormir en se rappelant ma cabane. Alors j'ai préféré épargner cette douleur à mes parents. Et j'étais contente d'entendre mon papa dire qu'il était fier de moi et qu'il remerciait Dieu d'avoir permis que j'aie cette vie :

— Loué sois-tu, Seigneur, de la bénédiction que tu as accordée à ma fille ! C'est une grâce d'être religieuse et de vivre chez les chiffonniers !

II

Tes saintes colères

1

Nos trois montagnes

Partager la pauvreté

Chère sœur Emmanuelle, quand je parcours aujourd'hui les ruelles d'Ezbet-el-Nakhl, j'ai l'impression de remonter le temps. Je n'ai pas de mal à reconnaître les vestiges des premiers jours. Car lorsque le gouvernement nous donna l'autorisation de construire des habitations en dur à la fin des années 1970, nous n'avons pas rasé les cabanes. Nous avons laissé cet ensemble de cahutes, construites à partir de bidons que les chiffonniers accumulaient au cours de leurs ramassages d'ordures. Ils les aplatissaient ensuite pour obtenir des tôles, les clouaient sur des montants de bois et, au moyen de ces cloisons précaires, entouraient des enclos. Des palmes et d'autres tôles faisaient office de toits.

Sœur Emmanuelle, mon amie, ma mère

À l'origine, le bidonville de La Palmeraie était à la fois lieu de résidence et de travail. Les familles vivaient à proximité des détritus qu'elles triaient sans relâche, nourrissant les cochons de la matière organique en décomposition parmi les immondices. Désormais, les baraques en bidons ne sont plus qu'un endroit où l'on stocke les ordures, avant de les répartir en différentes catégories : papier, carton, plastique, ferraille, verre, en prévision du recyclage à l'atelier ou à l'usine de compost voisine. Quand le soleil se couche, les chiffonniers quittent le bidonville et, à quelques dizaines de mètres, retrouvent leur habitation en dur.

Dans la juxtaposition des anciennes baraques et des nouvelles maisons, je vois se télescoper différentes époques. Je lis ton histoire qui devint aussi la mienne et la nôtre. Ta première cabane, celle que j'ai partagée dans nos débuts, n'existe plus. Un feu l'a ravagée en 1990. Ce fléau nous frappait souvent. Il suffisait qu'une lampe à pétrole soit renversée, par le vent ou une main maladroite, pour que les flammes se propagent. Il arrivait aussi que d'autres causes de départ de feu provoquent de véritables catastrophes.

Je me souviens que par deux fois des incendies se sont déclarés parce que des bouteilles de butane avaient explosé. Les cabanes brûlèrent comme un feu de paille. Des femmes, des enfants couraient effrayés. Les bêtes, en fuyant, propageaient le feu alentour. Tout le monde s'unit pour tenter d'éteindre les flammes, mais quand l'incendie se calma, il n'y avait que des cendres. Tout était désolation. Plus d'abri pour se loger, c'était le désespoir. Les gens pleuraient, se lamentaient. Nous avons distribué des couvertures et dormi avec eux en plein air.

Quand leurs cabanes ont été reconstruites, ils nous ont dit :

— Vous êtes nos sœurs, car vous avez pleuré avec nous et vous nous avez aidés.

Nous avons prié ensemble, chrétiens et musulmans, puis rendu grâces à Dieu qui nous permettait de vivre ensemble fraternellement.

Chacun de mes pas dans les ruelles d'Ezbet-el-Nakhl fait surgir des souvenirs, comme si je me promenais dans notre passé. Si ta masure d'origine n'est plus là, il y a celle que tu occupas ensuite et tant d'autres identiques !

Je m'arrête devant un enclos où roucoule un couple de pigeons. Vendus au marché pour être consommés farcis aux oignons et aux légumes, ils représentent une source de revenus supplémentaire pour les *zabbalin*. Voletant dans des cages rustiques, un quadrillage de bâtons de bois noueux serrés par des bouts de ficelle, ils voisinent avec une chèvre et trois jeunes chevreaux. C'est dans un endroit semblable que te conduisit Labib, le chiffonnier qui louait des enclos aux nouveaux venus dans le bidonville de La Palmeraie. Il te proposa d'y loger après avoir trouvé un autre abri pour ses animaux. D'emblée tu acceptas et revins toute joyeuse annoncer la nouvelle aux religieuses de ta communauté. Dans ta congrégation, tu avais déjà fait la révolution quelques années auparavant en 1966, au collège Notre-Dame de Sion d'Alexandrie où tu avais enseigné pendant plus de cinq ans.

Cet établissement prestigieux s'honorait d'avoir eu pour élève la reine Farida, première épouse du roi Farouk, et accueillait les demoiselles de la haute société égyptienne. Tu me racontas en riant que certains parents faisaient croire que leur fille était inscrite au collège Notre-Dame de Sion pour obtenir un beau parti. Ils les photographiaient en uniforme, la sage robe bleu marine et le col blanc brodé, pour les présenter à la belle-famille. Un jour, un homme d'affaires d'Alexandrie était venu te demander des renseignements sur une jeune fille. Mais quand il te tendit sa photo, tu ne la reconnus pas. Et pour cause ! C'était un subterfuge de ses parents, elle n'avait jamais été inscrite à Notre-Dame de Sion.

Mais cet incident te choqua moins que l'indifférence de tes élèves devant la souffrance du monde. Quand tu t'indignais de la violence économique, cause de malnutrition, et t'enflammais pour une plus grande justice, ces filles gâtées te répondaient, outrées de tes diatribes, que Dieu avait voulu des riches et des pauvres. C'était normal. C'était ainsi depuis le commencement des temps. S'ils voulaient s'en sortir, les pauvres n'avaient qu'à travailler et ils deviendraient riches. Ils n'avaient qu'à se laver pour être moins sales et repoussants, et on ne les mépriserait pas. Tu bouillais en entendant ces propos et tes arguments s'effondraient devant tant d'égoïsme. Ta supérieure, sœur Ghislaine, tentait de te persuader que tu saurais faire évoluer les mentalités. Mais tu étais désespérée.

Nous avons visité ensemble le collège d'Alexandrie et j'ai admiré son superbe parc traversé d'une allée de palmiers royaux, sa grande esplanade plantée d'un fier araucaria, ses orangers, ses citronniers entourant des courts de tennis. Il y avait aussi la petite école où tu avais demandé la permission d'enseigner aux enfants pauvres. La hiérarchie de Sion se désolait de perdre une enseignante de niveau universitaire telle que toi, mais tu refusas farouchement de continuer de donner des cours de philosophie à des coquettes et des snobs qui s'intéressaient seulement à leurs toilettes et au beau mariage que leurs parents s'efforçaient de leur obtenir.

Tu avais écrit une lettre courte mais très ferme à la supérieure générale de ta congrégation dont tu te rappelais chaque mot, pour les avoir pesés longuement. Cette lettre est pour moi l'« Acte de foi de sœur Emmanuelle » et j'en relis chaque fois avec la même émotion une copie, glissée dans l'un de mes livres de prières. Tu venais régulièrement rencontrer nos sœurs coptes pour leur parler de ton engagement religieux, car nous avons les mêmes vœux, de pauvreté, de chasteté et d'obéissance. En ces occasions tu citais cette missive exemplaire :

> « Je ne me suis pas faite religieuse pour permettre à des jeunes filles, au demeurant intelligentes, de paraître cultivées dans les salons de la bonne société égyptienne, sous prétexte que je les aurais familiarisées avec Voltaire, Rousseau, Camus et Malraux.
> Je demande à être affectée au service des enfants défavorisés. »

Dans un premier temps, tu n'obtins pas gain de cause. La hiérarchie ne voulait pas se priver du prestige de la sœur brillante et diplômée que tu étais, connaissant si bien les lettres et la philosophie. Mais tu persévéras, faisant de cette demande un cas de conscience. Tu envisageas même à regret, non sans déchirement, la possibilité de démissionner. Au point qu'à l'été 1966 tu crus arrivée l'heure de quitter ta congrégation. Sincèrement désespérée, tu prias Dieu de te montrer le chemin juste. Et l'autorisation arriva. Un télégramme de ta supérieure générale te nommait directrice de la petite école semi-gratuite pour les pauvres, qui se trouvait à l'abri des regards dans le grand parc du collège.

C'est là que tu fus confrontée à la détresse de Chadia et Magda. Tu vis un jour ces fillettes pâles, titubant, sur le point de défaillir. Elles t'avouèrent qu'elles n'avaient pas mangé depuis deux jours. Leur père, repasseur, n'avait pas trouvé de travail et la famille ne pouvait plus se nourrir. Bouleversée, tu voulus rencontrer les parents. Tu ne pouvais pas partager la richesse que tu n'avais pas. Mais tu avais fait vœu de pauvreté en devenant religieuse. Alors tu décidas de partager ta pauvreté. Tu calculas que tu coûtais environ dix dollars par mois à ta congrégation et que cet argent pourrait t'aider à nourrir la famille de tes petites élèves.

Non sans un échange nourri de correspondance avec ta hiérarchie et des discussions en tête à tête avec ta supérieure, tu obtins assez rapidement l'autorisation de t'installer dans la famille du repasseur et de ses huit enfants. C'était une révolution dans ton ordre où les sœurs devaient vivre en communauté et être impérativement rentrées au couvent avant que le soleil ne se couche. Mais tu étais portée par ta détermination et avec la grâce de Dieu tu t'établis dans la pièce insalubre d'un quartier pauvre. À midi, tu achetais dans la rue un sandwich de *foul*, les haricots rouges des Égyptiens désargentés, et un fruit, le tout pour deux piastres. Le soir, après les cours, tu faisais les provisions pour le dîner en famille. Et avec tes dix dollars, tu arrivais à nourrir dix personnes pendant un mois.

Mais tu ne t'arrêtas pas là. Tu changeas la vie du repasseur et de sa famille. Leur appartement devint un petit dispensaire où tu donnas des soins et des conseils aux voisins, puis aux femmes de ce quartier déshérité, pour qui tu étais devenue source d'espoir.

Tu vivais enfin le partage.

Ta vie était une prière d'amour pour les autres.

Il en serait ainsi jusqu'à ton dernier souffle.

Tu rayonnes le Christ

Cinq ans plus tard, en 1971, au Caire, la situation de ta congrégation changea. Ton ordre rencontra des difficultés économiques et vit les vocations se tarir. La relève des sœurs enseignantes n'était plus assurée. Dans l'esprit du concile Vatican II et au nom de l'aide au tiers-monde, l'ordre de Sion voulut faire un geste d'ouverture envers les chrétiens d'Égypte. Le collège d'Alexandrie fut offert aux religieuses coptes du Sacré-Cœur.

Tu faisais partie des trois sœurs de ta communauté, affectées au Caire, dans ce qu'il fut convenu d'appeler un « îlot » de Sion, un jardin d'enfants ouvert dans le quartier de Matareya, sous l'autorité de sœur Ghislaine, ton ancienne supérieure d'Alexandrie. Tu étais autorisée à t'établir comme tu l'avais souhaité parmi les plus déshérités, avec pour seule obligation de revenir chaque semaine passer le dimanche avec les deux autres religieuses de ta communauté.

Mais quand tu exposas ta décision d'habiter la cabane de Labib, sœur Ghislaine s'inquiéta. Sans être jamais allée à Ezbet-el-Nakhl, elle connaissait la réputation des chiffonniers, des voleurs et des assassins vivant dans les bidonvilles incontrôlables, repaire de délinquants en fuite, de déserteurs ou de prisonniers de droit commun évadés. Le traitement des ordures servait souvent de couverture à d'autres trafics, la drogue en particulier.

Ta supérieure m'a avoué qu'elle fit tout son possible pour t'inciter à renoncer. Elle était persuadée que tu serais débordée, seule, dans cette immense misère. Tu arriverais vite au bout de tes forces et tu risquerais ta vie pour un pari perdu d'avance. Sœur Ghislaine aurait aimé que tu t'intéresses à son petit jardin d'enfants pauvres dont tu pourrais changer la vie. Elle te reprocha d'être trop présomptueuse, te demanda de réfléchir.

Elle comprit vite que ta détermination était plus forte que toutes ses craintes.

Tu estimais que précisément, puisque les chiffonniers étaient des voleurs, des assassins et des drogués, il te fallait partager leur vie. Même assassins, ils étaient tes frères avant tout. Personne ne les aimait, cela justifiait que tu ailles vivre avec eux pour leur dire que toi, tu les aimais. Pour leur annoncer cette nouvelle extraordinaire : ils étaient les enfants de Dieu.

Dix ans plus tard, sœur Ghislaine me confia qu'elle s'était trompée et que tu avais eu raison de ne pas l'écouter. Heureusement qu'elle ne t'avait pas détournée de ta voie ! J'ai beaucoup aimé cette religieuse joyeuse, à l'esprit très ouvert qui, après t'avoir critiquée, a tout fait pour t'aider et a soutenu nos activités.

Quand tu es venue nous voir à Béni Suef, nous avons été frappés par ce don total de ta personne. Surtout Mgr Athanasios. Cet homme de prière a perçu immédiatement que « tu rayonnais le Christ ». Il regrettait que les chrétiens ne vivent pas assez intensément dans l'esprit du christianisme. Il avait créé l'ordre des Filles de Marie pour que l'on voie le Christ agissant à travers nous.

De même que toi, il préconisait de pratiquer la charité au sens noble. Sans la condescendance de celui qui délaisse son superflu pour se donner bonne conscience et écrase l'autre de sa supériorité. Au contraire, dans un esprit fraternel de partage, en développant l'assistance et l'éducation, où celui qui donne est l'obligé de celui qui reçoit.

Chère sœur Emmanuelle, comment te dire ma reconnaissance ? Car tu m'as plongée dans le vif de l'expérience évangélique. Après Mgr Athanasios, tu m'as appris à discerner la richesse de ceux qu'on appelle « les pauvres ». Ils le sont économiquement parlant, du point de vue de leur revenu. Conformément aux chiffres qui définissent abstraitement un seuil de la pauvreté dans le monde, ils sont d'ailleurs bien en dessous du revenu minimum établi par les statistiques. Mais avec toi, je les ai vus pareils à notre Seigneur qui s'incarna parmi les plus pauvres de ce monde.
Être pareils au Christ dans le dénuement, c'est cela leur richesse. Si toi et moi n'aimions pas le luxe, c'est que nous n'y retrouvions pas l'image de Jésus. Alors que nous contemplions partout au bidonville sa divine présence et le mystère de son incarnation.

Ta rencontre avec les *zabbalin*

À Béni Suef, je t'avais interrogée car j'étais curieuse de savoir comment tu étais arrivée chez les *zabbalin*. Quelle surprise d'apprendre que ce chemin de ton accomplissement ne t'avait pas été révélé d'emblée ! Ce fut un véritable parcours d'obstacles, dont la destination finale te resta cachée longtemps. Tu ne la découvris qu'à force de persévérance, au soir de ta vie, dans une grande fidélité à l'idéal de ton enfance qui n'avait cessé de mûrir pendant des décennies au service des autres.

Tu avais lu, petite fille, un livre que tu ne devais jamais oublier. *Le Père Damien, apôtre des lépreux* raconte comment, au milieu du XIXe siècle, un frère de la congrégation des Sacrés Cœurs de Marie et Jésus mit ses pas dans ceux du Christ en partant donner des soins aux lépreux de Molokaï, une île du lointain océan Pacifique, où ils étaient confinés en quarantaine.

Dans la Bible, la lèpre est une maladie symbolique qui représente l'impureté de l'homme pécheur. Jésus est pris de pitié lorsqu'il rencontre un lépreux et le guérit en le touchant. Tu aimais ce geste du Christ, venu prendre sur lui notre impureté pour nous conférer la pureté de Dieu. Le destin du père Damien te paraissait exaltant et à la lecture de sa biographie, tu avais promis dans ton cœur d'enfant qu'un jour tu imiterais son dévouement. Un jour tu aimerais, au nom du Christ, ceux que personne n'aimait.

À 63 ans, c'était maintenant ou jamais que tu pourrais réaliser ce vœu d'amour absolu. Tu confias ce souhait qui t'habitait depuis si longtemps à Mgr Bruno Heim, nonce apostolique. Le prélat t'écouta avec amabilité et tu réussis tant et si bien à le persuader qu'il offrit de te prêter sa voiture et son chauffeur pour te rendre dans une léproserie administrée par les sœurs de Saint-Vincent-de-Paul, en plein désert au nord-ouest du Caire.

Tu pensais avoir touché au but. Mais non ! Une fois de plus, tes désirs furent contrariés car tu ne réussis pas à obtenir la permission administrative de t'installer dans la léproserie. En effet, depuis la guerre des Six-Jours, l'établissement se trouvait dans une zone militaire transformée en champ de tir réservée aux artilleurs de l'armée égyptienne.

Comme à ton habitude, tu n'abandonnas pas la partie. Tu retournas voir Mgr Heim pour qu'il use de son influence et t'obtienne un permis spécial. Ce diplomate du Vatican était pessimiste sur l'issue d'une telle démarche auprès de l'administration, très prévenue à cette époque contre l'infiltration d'étrangers espionnant au profit d'Israël. Ton état de religieuse ne te mettait pas à l'abri de tout soupçon. Bien au contraire.

Devant ta détermination à servir parmi les exclus, il mentionna la détresse des *zabbalin* dans les bidonvilles du Caire. Elle n'était pas moindre que celle des lépreux. Le religieux sut trouver les mots justes pour te convaincre car il parlait d'expérience. Il s'était lui-même rendu un jour au camp des chiffonniers, ému par le sort d'un jeune garçon à la *gallabeïa* crasseuse et rapiécée, aux yeux fiévreux et au visage maigre. Il collectait les ordures de la nonciature dans des couffins puis les entassait sur sa carriole que tirait un âne famélique. Il lui fallait faire seul cette tâche harassante car son père grabataire était à l'agonie. Mgr Heim avait visité sa famille et il te révéla l'existence d'un monde d'intouchables, originaires de Haute-Égypte. Une dizaine de milliers de parias, rassemblés à Embaba, sur la rive gauche du Nil, au nord du Caire, survivaient dans une misère effroyable.

Ces laissés-pour-compte étaient venus dans la capitale avec l'espoir de trouver du travail. La plupart étaient des paysans coptes qui avaient traditionnellement des familles nombreuses. En l'absence de machines agricoles, les enfants étaient nécessaires pour aider à travailler les champs.

Analphabètes et sans formation, ces paysans furent victimes des réformes agraires entreprises par Nasser qui avait destitué le roi Farouk après le coup d'État de 1952. Ma famille, en particulier mes oncles plus riches que mes parents, comme d'autres grands propriétaires, durent céder une part importante de leur domaine au gouvernement. La campagne fut morcelée en lopins de terre de cinq *feddan*[1] et ces petites propriétés d'à peine plus de deux hectares obligèrent les fellahs à cultiver leur terre comme un jardin, sans machine agricole, ce qui explique la beauté des paysages de la vallée du Nil. Malgré leur labeur, le niveau de vie de ces petits paysans chuta. Car les terres trop étroites qu'on leur avait allouées ne suffisaient pas à nourrir leur famille et ils étaient grevés de taxes.

Au fil des ans, la situation ne fit qu'empirer car les prix flambèrent. À tel point que le peuple, après avoir fêté la destitution du roi Farouk, se mit à le regretter. De son temps, en effet, la vie était moins chère et plus facile, et tout le monde se respectait. Alors les enfants des paysans sans ressources, menacés par la famine, partirent au Caire. Vers la grande ville fumante et tentaculaire, qui rassemble un quart de la population du pays, avec une concentration dépassant les cent mille habitants au kilomètre carré dans certains quartiers. L'exode rural au fil des ans ne fit que s'amplifier pour des raisons économiques, la capitale offrant le plus de chances de trouver du

---

1. 1 *feddan* = 4 201m^2.

travail. Elle rassemble en effet près de la moitié des emplois du secteur d'État et du privé. Mais pour les plus démunis qui arrivaient de leur Haute-Égypte natale, le seul lieu pour s'installer fut l'un des cinq camps de chiffonniers apparus autour de la ville.

D'autres, un peu plus fortunés, grossirent la douzaine de « quartiers-champignons » construits sans aucun plan d'urbanisme, sans eau ni égouts. Dans ces jungles urbaines sans existence administrative, les toits des immeubles étaient une décharge publique à ciel ouvert. Car il n'existe pas de système de ramassage des ordures dans les quartiers populaires. Les habitants jettent leurs immondices sur les toits, fournissant ainsi la raison d'être et de vivre des *zabbalin*. Pour quelques piastres, ils remplissent leurs couffins des déchets accumulés et les transportent dans les bidonvilles de la capitale au moyen de charrettes tirées par des ânes. Un revenu supplémentaire leur est fourni par le produit du tri.

L'exode rural s'amplifia, le nombre de chiffonniers ne cessa de croître dans les camps de fortune, qui finirent par compter jusqu'à cinquante mille âmes. Comme ils avaient construit leurs cabanes sans autorisation, sur des terrains qui ne leur appartenaient pas, les autorités refusèrent de leur amener l'eau et l'électricité ou de prendre en charge la scolarité de leurs enfants. Embaba était l'un des bidonvilles sauvages de la banlieue du Caire où survivaient trente mille personnes.

Aspirée par leur misère, tu décidas de t'installer parmi eux pour changer leur vie. Mais tu te heurtas cette fois, non plus à l'administration égyptienne mais aux autorités de l'Église copte qui, en la personne de Mgr Samuel, s'offusquèrent de la présence d'une religieuse catholique romaine parmi une population copte. En dépit de toutes tes tentatives, tu ne réussis pas à persuader le métropolite du Caire.

Alors, en désespoir de cause, tu confias au Seigneur ton souhait d'œuvrer auprès des *zabbalin*. Ils représentaient la misère des oubliés de notre société de consommation. Si les lépreux étaient exclus du monde des bien-portants, les chiffonniers étaient, eux, bannis du monde des nantis. Ils n'avaient droit à rien et devaient se contenter de leurs ordures.

Tu me dis avoir alors médité la phrase de Pascal, « cœur creux et plein d'ordure ». Les ordures, pour toi, ce n'était pas tant les immondices que tu avais vus amoncelés à Embaba, que l'égoïsme de ceux qui jouissent des richesses de la terre à leur seul profit. Tu voyais la lèpre et la honte sur la face des puissants tandis que, sur le visage des chiffonniers, tu reconnaissais la beauté des enfants de Dieu.

Aussi, lorsque le père Paul Salib, un religieux copte affable et tout en rondeur, vint te voir et t'apprit qu'il y avait d'autres quartiers déshérités qu'Embaba où tu pourrais t'installer sans indisposer sa hiérarchie, tu demandas aussitôt à t'y rendre.

C'est ce prêtre, messager providentiel que tu considéras toujours comme l'envoyé de Mgr Samuel repenti, qui te conduisit à Ezbet-el-Nakhl. Dieu avait enfin exaucé ta prière. Tu allais devenir la sœur des « impurs », vivant dans un paysage d'ordures où s'élevaient d'âcres fumées. Auprès d'eux, tu connaîtrais une nouvelle jeunesse, à l'âge où l'on se retire du monde des actifs.

Dieu te permettait enfin de commencer une nouvelle vie.

La vraie, celle que tu attendais depuis toujours.

Depuis tes jeunes années, quand l'étonnant destin du père Damien t'avait fascinée.

Depuis ce 10 mai 1931 où, quarante ans plus tôt, presque jour pour jour, tu t'étais consacrée au Christ méprisé de tous, à qui la foule crache au visage et dont la multitude se moque. Ce Christ supplicié que tu retrouves dans tes frères et sœurs en humanité de La Palmeraie.

Pendant vingt-deux ans, tu vas les aimer d'un amour entier. Ce seront les plus belles années de ta vie. « Des années de justice », diras-tu à ceux qui ont du mal à comprendre comment on peut trouver un tel bonheur à vivre en ces lieux d'infamie.

Chère sœur Emmanuelle, en revisitant ces souvenirs, je mesure l'acharnement qui fut le tien, les efforts que tu accomplis pour défendre ta vérité contre tous ceux qui voulurent t'en détourner, en croyant agir sincèrement pour ton bien.
Tu ne faiblis pas.
Tu ne cédas pas aux pressions.
Tu triomphas de tous les obstacles.
Et ce n'est pas un hasard si tu as fait tienne cette maxime de Marc Aurèle, que tu m'as souvent répétée et as commentée maintes fois dans tes livres : « L'obstacle est matière à action. » Tu l'as mise en pratique tout au long de ton existence.

Ce fut plus simple pour moi, car tu m'avais ouvert la voie. Je me suis souvent demandé si les marches pénibles que tu m'avais imposées au début ne venaient pas du fait que tu trouvais trop facile la manière dont j'étais arrivée au bidonville. Je n'avais pas dû traverser d'épreuves comparables aux tiennes. Tu voulais tester ma résistance à la difficulté. Comment réagirais-je quand nous serions confrontées aux obstacles ? Tu avais besoin d'être sûre de moi. Je t'avais affirmé que je pouvais tout accepter. Tu avais senti ma sincérité. Mais il ne suffisait pas de le dire, encore fallait-il être capable de le faire. Je n'ai cependant pas osé te questionner là-dessus et te pousser dans tes retranchements. J'avais trop de respect pour toi. J'étais trop émue devant les victoires que tu avais remportées sur toi-même et ce que tu avais accompli autour de toi.

Je remerciai le Seigneur de t'avoir donné la force de suivre ta vocation sans faillir !
Je le remerciai aussi d'avoir permis que je te rencontre et que je partage ta vie !

Labib se souvient de toi

Labib m'a raconté ton arrivée au bidonville. « Le merveilleux Labib, sans qui rien n'aurait été possible », avais-tu coutume de dire.

Son père, Adly, avait fait un peu « fortune » dans les poubelles. En tout cas, il avait réuni assez d'argent pour inscrire ses enfants dans une école chrétienne et, au fil des ans, s'était imposé comme le chef des chiffonniers au camp d'Ezbet-el-Nakhl. Son fils aîné, Labib, était devenu concierge et homme à tout faire pour le jardin d'enfants des sœurs de Sion à Matareya. Le père Salib t'avait recommandé de discuter avec lui les conditions de ton installation au bidonville de La Palmeraie.

Tu t'entendis d'emblée avec ce chiffonnier de 35 ans, qui boitait suite à une polio contractée pendant l'enfance. Petit, trapu, clair de peau, il avait les yeux bleus. Voilà pourquoi on l'appelait « un enfant de Napoléon ». On dit en effet chez nous que le général Bonaparte était laid mais ses soldats très séduisants. Ils plurent aux femmes d'Égypte et y laissèrent une descendance nombreuse.

Labib était marié mais, à la différence de la plupart de ses voisins, il respectait son épouse, Malaka. Plus grande que lui, c'était une maîtresse femme. Tous deux étaient fiers de leurs enfants, trois beaux garçons, Fammi, Ezaf et Aghib, et deux adorables filles aux longues tresses, Samia et Maryam. La petite dernière te ressemblait étonnamment par les traits du visage et ses yeux si bleus.

— J'ai deviné qu'elle était religieuse à son habit, m'expliqua Labib. Elle me dit qu'elle avait décidé de vivre au bidonville et qu'elle souhaitait mon aide pour trouver un endroit où s'installer. Je lui répondis que ce n'était pas un lieu pour elle. Il y avait trop de saleté et de microbes. Elle serait malade et ne tiendrait jamais le coup. Mais elle a insisté. Elle me regardait droit dans les yeux en répétant de sa petite voix aiguë : « Je suis venue ici, je veux y rester. »

« J'ai compris qu'elle n'allait pas changer d'avis. Alors j'ai préféré qu'elle loge dans une cabane appartenant à ma famille, où j'élevais des pigeons et des chèvres. Nous pourrions la protéger et ma femme lui rendrait des services.

« J'avais aussi un autre enclos de trois mètres sur trois pour mes ânes que j'ai proposé de mettre à sa disposition. En le voyant, je me souviens que sœur Emmanuelle était toute joyeuse ! Elle s'est écriée : « C'est parfait ! Je vais pouvoir installer ici une école ! *El hamdullilah !* Gloire à Dieu ! »

Vive la mariée !

Deux jours plus tard, Labib se présente devant le jardin d'enfants de Matareya, conduisant une petite charrette tirée par deux ânes. Tu as supplié sœur Ghislaine de te laisser emporter quelques bancs et des tables pour l'école que tu projettes d'installer sitôt arrivée. Elle n'a pas eu le cœur de te les refuser. Labib les charge avec un vieux lit de fer, une paillasse et ton balluchon. Tu grimpes sur la charrette qui s'ébranle sous les yeux incrédules des religieuses de ta communauté. Tu es fière et joyeuse, tu lances des *Yalla !* pleins d'entrain.

Labib tire l'âne par une corde et, en te voyant arriver sur sa carriole, des enfants d'Ezbet-el-Nakhl se mettent à applaudir : *El aroussa !* *El*

Nos trois montagnes

aroussa ! « Vive la mariée ! » Car chez nous, c'est ainsi que les voisins accueillent les jeunes épouses qui viennent rejoindre leurs maris, avec leurs affaires chargées sur une charrette. Ils t'ont prise pour l'une d'elles.

Labib t'aide à installer ton vieux lit et la caisse qui te servira de table. Il déniche les clous qui vont te permettre de suspendre une croix copte épannelée en paille, souvenir de la mangeoire qui accueillit autrefois l'enfant Jésus à Bethléem. À côté de la croix, collée sur un rectangle de velours noir, tu accroches un morceau de carton blanc, soigneusement découpé. De ton écriture élancée dont le tracé régulier monte vers le haut, tu avais recopié ces vers du poème de Claudel, *La Vierge à midi*, que je connais par cœur :

> « Il est midi, je vois l'église ouverte :
> Il faut entrer.
> Mère de Jésus-Christ, je ne viens pas prier.
> Je n'ai rien à offrir et rien à demander.
> Je viens seulement, Mère, pour vous regarder[1]. »

Mais le trésor de ta cabane, sœur Emmanuelle, c'est le Christ à l'*Ecce homo*, douloureux sous ses épines sanglantes. Il rappelle le couronnement

---
1. Extrait des *Poèmes de guerre* de Paul Claudel.

cruel à Jérusalem, dans le prétoire de Pilate, tandis que, dans la cour adjacente, les soldats romains jouent aux dés les vêtements du fils de Dieu.

Le jour où tu m'ouvriras ta cabane, quatre ans plus tard, tu me diras ces paroles que je n'ai jamais oubliées :

— Sara de mon cœur, regarde l'*Ecce homo*. Il n'exprime pas seulement la Passion du Christ. Il évoque la souffrance du bidonville autour de nous, la souffrance des hommes et l'océan des souffrances du monde.

Tes noces de joie

Quand Labib et les autres te quittent cette première nuit, une joie débordante fait chanter ton âme.

Tu n'es pas seule.

Tu es dans l'intimité du cœur de Jésus.

Les enfants du bidonville l'ont tout de suite compris en te voyant. Tu es une jeune mariée mais ton époux n'est pas un homme ordinaire. Tu te rappelles la formule romaine : *Ubi tu Caius, ego Caia*, « Là où tu seras, Caius, je serai Caia », et tu l'adaptes à ta situation.

Tu es venue rejoindre le divin Époux, dans la cabane où il a permis que tu le rencontres et te donnes à lui.

Enfin.

Après quarante années de vie consacrée à le chercher.

Il ne s'est pas montré lors des tribulations qui te conduisirent de la Belgique de ton enfance aux collèges huppés des sœurs de Sion dans les capitales du bassin de la Méditerranée : Istanbul, Tunis, Alexandrie. Il ne t'est pas apparu non plus à la léproserie de Saint-Vincent-de-Paul, dans les sables du désert. Mais il s'est révélé à toi dans le bidonville de La Palmeraie, au Caire.

Tu l'as reconnu.

Tu lui as dit « Oui ».

Tu goûtes le mystère qui se dévoile sous le ciel étoilé de La Palmeraie brillant à travers les tôles disjointes de ta cahute.

Le Christ s'offre à toi.

Dans sa vérité.

Sa pauvreté.

Son humilité.

Sa lumineuse bonté qui efface toutes les lumières de la terre.

Tu t'offres à lui dans ton amour inconditionnel pour les plus petits. Ceux que l'on rejette et méprise. Il reste invisible aux yeux du monde sur le visage de ces pauvres hères. Mais toi, tu sais le voir.

Tu murmures la parole évangélique que tu médites depuis ton enfance et qui, cette nuit-là, prend tout son sens :

« J'ai eu faim, et vous m'avez donné à manger ; j'ai eu soif, et vous m'avez donné à boire ; j'étais étranger, et vous m'avez recueilli ; j'étais nu, et vous m'avez vêtu ; j'étais malade, et vous m'avez visité ; j'étais en prison, et vous êtes venus vers moi[1]. »

Dans l'obscurité de la nuit qui enveloppe le bidonville, tu ne crains ni les rats, ni les puces, ni les cafards qui s'invitent. Les mauvaises odeurs, la crasse et les bruits alentour ne t'incommodent pas.

Tu baignes dans la miraculeuse beauté du Dieu tout-puissant.

Il transfigure ta masure au sol jonché d'immondices et au toit de palmes pourries.

Tu accueilles dans le silence de ton cœur en prière le secret de l'incarnation.

Sa lumière brille dans ton âme.

Tu es comblée.

À 63 ans, tu célèbres tes noces de joie avec le Christ.

---

1. Matthieu 25,42-43.

Nous sommes le 10 mai 2001. Je suis venue te voir en France pour fêter avec toi tes soixante-dix ans de vie religieuse.
© Philippe Tessieux pour Opération Orange.

En 1974, quand l'Ami Jean te rencontre à Ezbet-el-Nakhl, il est ému par le sort des filles, mariées dès l'âge de 10 ans, et lance son pari. Tu lui demanderas de le poursuivre avec moi.
© Jean Sage pour Opération Orange.

À l'évêché de Béni Suef, avec toi, ma mère, avec Mgr Athanasios, mon père, et avec mes sœurs.
© Jean Sage pour Opération Orange.

Pour l'inauguration du lycée Basma, le 5 octobre 1995, avec l'Ami Jean et les enfants, nous faisons la fête. Ce fut «le plus beau jour de ta vie».
© Jean Sage pour Opération Orange.

Pour tes 90 ans, avec l'Ami Jean, nous te montrons la photo des premières bachelières du Mokattam. Tu verses des larmes de joie en apprenant qu'elles feront des études supérieures. Et tu t'écries : «La réalité a dépassé mes rêves les plus fous.»
© Jean Sage pour Opération Orange.

Merci aux jeunes de France qui font la fête pour que tous les enfants du monde puissent faire la fête !
© Philippe Tessieux pour Opération Orange.

En 2001, fête en ton honneur avec des amis de France en compagnie de sœur Fayza, responsable du centre scolaire du Mokattam, de la maternelle au lycée.
© Philippe Tessieux pour Opération Orange.

Inauguration de la clinique Princesse Grace. Je pose devant ton buste et la statue de Notre-Dame de Laghet, vénérée par nos amis de l'association Monaco Aide et Présence.
© Philippe Tessieux pour Opération Orange.

Avec Myriam (à droite), qui dit que je suis sa deuxième maman et que l'Ami Jean est son deuxième papa. Elle appellera d'ailleurs son fils aîné « Jean ».
© Philippe Tessieux pour Opération Orange.

En 1994, une *rakouba* (école de roseaux) à Khartoum. Avec Kamal, à qui tu as confié notre œuvre au Soudan, le maître d'école et une centaine d'enfants. « Priorité des priorités à l'école ! »
© Jean Sage pour Opération Orange.

En février 2008, avec mon frère Jean, nous inaugurons un *baby-feeding* à Khartoum. Les enfants nous avaient tressé des couronnes de fleurs.
© Philippe Tessieux pour Opération Orange.

Quelle joie d'offrir aux enfants leur repas quotidien !
© Philippe Tessieux pour Opération Orange.

En mai 2008, avec Kamal, nous te rendons visite pour la dernière fois dans ta maison de retraite à Callian.
© Philippe Tessieux pour Opération Orange.

L'Ami Jean et sœur Emmanuelle sur leur « banc d'éternité ». Dans la joie et la confiance, ils sont toujours près de moi.
© Philippe Tessieux pour Opération Orange.

Le 1er juillet 2009, Sofia, ta nièce, vient me voir au Mokattam. Elle me rapporte la croix des chiffonniers, suspendue si longtemps dans notre cabane et que tu avais ramenée en France.
© Denis Dailleux/Agence Vu.

Ton Christ a le visage de tes frères et sœurs du bidonville.

Comme eux, il ne possède rien, mais il te donne tout.

Ils t'ont évangélisée

Quand je te rejoins en 1975, tu as posé les bases de l'œuvre que nous réaliserons ensemble. Mais dans ce que tu as accompli seule de 1971 à 1975, tu m'as toujours dit que l'essentiel était invisible. Il s'était accompli dans la relation qui s'établit avec les chiffonniers. Tu appris à connaître tes frères et sœurs *zabbalin* et, à ce verbe « connaître », tu donnas un sens particulier.

Certains parleront de « socratisme » à ton sujet. Il est vrai que tu mentionnais souvent Socrate, ce sage de la Grèce antique dont tu admirais la maïeutique, un art qui consiste à accoucher l'autre de ce qu'il porte de meilleur. Tu en as fait ton modèle.

Connaître pour toi, c'est donc au sens étymologique « naître avec ». Pendant tes quatre premières années au bidonville, tu te consacras à connaître la vie des chiffonniers. Ton amour et ton respect leur rendirent la confiance en eux, la volonté de s'en sortir et la dignité humaine que le mépris des autres leur avait enlevées.

En retour, cette expérience te transforma. Tu la résumes en une phrase que tu répéteras bien souvent par la suite dans tes conférences de par le monde et dans tes livres : « Les chiffonniers m'ont évangélisée. »

En disant cela, tu voulais d'abord tordre le cou aux idées reçues. Dire haut et fort, à rebours des préjugés et de l'histoire de l'Église romaine, que ce n'était pas toi, la missionnaire, qui enseignais aux autres le christianisme. Au contraire. Tu l'apprenais d'eux.

Ils te révélaient ce qu'aucun catéchiste, ni aucun curé, ni aucune maîtresse des novices, ni aucun théologien ne t'avaient transmis. Dans un geste d'humilité parfaite, toi, la philosophe diplômée de la Sorbonne, tu t'étais mise à l'école des exclus. Que t'avaient-ils appris que tu ne saches déjà ?

Tu insistais sur la nécessité d'une prise de conscience de notre précarité essentielle pour retrouver le chemin du cœur. L'orgueil nous fait fuir ou mépriser la pauvreté et nous éloigne ainsi de la prière. Partager la pauvreté, c'est revenir à la source. C'est cela que tu avais éprouvé dans le cœur à cœur avec tes frères et sœurs chiffonniers.

À Béni Suef, tu nous avais raconté une scène qui te marqua. Tu étais dans ta cabane et Fauzeya, ta voisine, dans la sienne. Seule une paroi de vieux bidons vous séparait. Tu lisais la Bible en arabe à la lueur de ta lampe à pétrole, quand tu entendis monter dans la nuit une mélopée qui s'amplifiait, retombait doucement et recommençait. Tu regardas par un interstice et aperçus ta voisine assise par terre.

Elle était transfigurée sous l'éclat d'un feu allumé à même le sol. Allaitant sa petite Teresa, elle incarnait avec une simplicité brute la puissance maternelle de la femme qui donne la vie. Face à elle, son mari lisait des versets de l'Évangile que Fauzeya reprenait en les chantonnant. La voix de la mère exprimait la force joyeuse d'une certitude : elle était sûre de libérer son enfant avec l'aide du Christ. Ce ne serait plus un misérable chiffonnier puisqu'il commençait à aller à l'école. Et c'est dans cette relation vers le Père par le Christ que cette femme t'apparut dans toute sa splendeur qui la rendait divine. Déjà éclairée de la lumière de la résurrection, elle chantait la libération que le Christ nous a promise pour l'éternité.

La foi des chiffonniers

J'ai tout de suite partagé ton admiration devant le degré de foi des chiffonniers. Moi aussi, je pourrais dire avec toi que les chiffonniers m'ont évangélisée. Ils m'ont révélé la puissance de la foi quand elle s'enracine dans l'authenticité. J'en ai eu de nombreux exemples, mais je me souviens du plus poignant, quand des bébés mouraient.

Si aujourd'hui plus personne n'est frappé par le tétanos au bidonville, à nos débuts il provoquait chaque semaine plusieurs décès, notamment lorsque le cordon ombilical avait été coupé au moyen d'un couvercle de boîte de conserve rouillée. Quand une maman amenait un petit qui agonisait, il était insupportable de voir ses mains se crisper. Ses ongles se retournaient car faute d'être assez formés et durs, ils ne pouvaient entrer dans la peau. C'était insoutenable.

Mais quelle leçon nous donnaient les mères, après que leur enfant eut rendu son dernier soupir ! Les larmes aux yeux, le cœur meurtri, elles entonnaient un chant qui se substituait à leurs cris de désespoir. Tournées vers le Seigneur, elles prononçaient ces paroles de foi pure :

— Mon chéri, tu es devenu un petit ange qui vole auprès de la Vierge Marie. Tu es heureux et délivré. Moi, je reste avec mon chagrin, mais nous nous retrouverons et, ensemble, nous vivrons heureux pour l'éternité.

Ces mamans illettrées, au cœur meurtri, croyaient en la vie de l'au-delà. Dans leur foi, elles retrouvaient le message plein d'espérance de l'Égypte éternelle. Nos chants de funérailles disent souvent : « Ce n'est pas mort que tu t'en vas. C'est vivant que tu restes parmi nous. »

Chère sœur Emmanuelle, tu as toujours admiré la foi des chiffonniers qui transparaissait dans leur dénuement. Ces femmes, ces enfants et ces hommes ne possédaient rien mais ils étaient remplis de Dieu. Tu as su voir en eux le Dieu d'amour. Le voir jusque dans leur détresse. Je ne sais plus combien de fois tu m'as dit pendant les dix-huit ans que nous avons vécus ensemble :

— Sara de mon cœur, quand tu regardes celui qui a faim et qu'en lui tu reconnais le Christ, tu oublies ta propre faim. C'est pareil quand tu regardes celui qui est malade et que tu reconnais le Christ en lui, tu oublies ta maladie. Le secret d'une vie heureuse à travers tout est de partager avec celui qui souffre plus. Comme le Christ nous l'a dit : « Dans la mesure où vous l'avez fait au plus petit de l'un de mes frères, c'est à moi que vous l'avez fait. »

La croix et le croissant

Les chiffonniers nous ont évangélisées toutes deux, en nous révélant la présence du Christ parmi eux. Ils savaient que tu étais dans leur bidonville pour l'amour de Dieu et ils t'en donnèrent la preuve. C'est un épisode que tu évoquais volontiers. Toi qui ne pleurais pas facilement, je t'ai vue émue aux larmes en évoquant ce souvenir.

Dans l'enclos prêté par Labib, tu avais aménagé une école peu fréquentée pendant les premières années de ta présence à La Palmeraie. Les chiffonniers, même s'ils ne t'envoyaient pas beaucoup d'enfants pour que tu les instruises, étaient néanmoins très fiers d'avoir *leur* école.

Un certain Zaccharia, menuisier de son état, t'apporta un jour la porte censée fermer la salle de classe. Il avait sculpté deux symboles sur le panneau d'aggloméré : la croix chrétienne et le croissant musulman entrelacés. Ce brave homme avait bien compris que tu étais là autant pour les chrétiens que pour les musulmans, sans distinction. Ce signe de communion, nous l'avons souvent repris dans l'en-tête de nos lettres, dans nos divers documents, tout comme l'Ami Jean pour l'Opération Orange.

Au-dessous de ces symboles, Zaccharia avait écrit *Allah mahabba*, « Dieu est amour ». En lisant cela, tu te sentis unie à toutes tes compagnes et tes compagnons du bidonville dans le souffle du divin amour. Tu t'exclamas : « *Rabbena kebir* », « Dieu est grand », et aussi « *Rabbena ouached* », « Dieu est un ».

Ceux qui étaient présents reprirent ces mots avec toi.

Des mots qui montaient de votre cœur.

Vous ne faisiez pas que les prononcer.
Vous les viviez de toutes vos forces dans la prière qui, depuis les cabanes, s'élevait vers le ciel.

Tu déclarais volontiers à tes amis que tes « bandits », comme tu appelais avec affection les chiffonniers, étaient des champions de l'œcuménisme. Ils avaient d'après toi une longueur d'avance sur tous les théologiens de toutes les Églises du monde en ce domaine. Car au milieu des immondices, les *zabbalin* chrétiens et musulmans adoraient le Dieu unique.

Ils étaient environ deux mille coptes et un millier de musulmans. Dans le reste de l'Égypte, ces deux communautés se détestaient, quand elles ne s'affrontaient pas violemment. Les musulmans méprisaient la minorité copte et la suspectaient de collusion avec l'étranger, en ces temps où les tensions étaient vives avec Israël. Les coptes, quant à eux, étaient fiers d'être les héritiers de la civilisation pharaonique et de former une élite sociale influente dans le monde économique et politique. Mais ces clivages étaient comme effacés par le dénominateur commun de la misère et de l'exclusion. Subissant les mêmes épreuves et le même mépris, tous s'entraidaient fraternellement. Ils louaient Dieu ensemble et levaient les yeux au ciel dans l'espoir d'un avenir meilleur pour leurs enfants.

Nos trois montagnes

On dit en Égypte qu'il fallut une foi extraordinaire pour ériger les pyramides, ces montagnes de pierres dont l'édification défie le génie humain. Dans la Bible, on dit de même que la foi déplace les montagnes.

Plus près de nous, il y a un autre récit de montagne de légende qui concerne le bidonville où nous nous installâmes en 1981, au Mokattam. Ce mot signifie « la montagne coupée » et je t'en expliquai l'origine.

Elle remonte au VIIe siècle, du temps des Mamelouks. Le calife Al-Mu'iz Li-Din Illah, premier gouverneur de la dynastie des Fatimides, avait un ministre juif qui détestait les chrétiens. Un jour, ce ministre lui dit que ces chrétiens prétendaient dans leurs Évangiles que la foi pouvait déplacer des montagnes. Matthieu affirme en effet : « Je vous le dis en vérité, si vous aviez de la foi comme un grain de sénevé, vous diriez à cette montagne : "Transporte-toi d'ici là !" et elle se transporterait. Rien ne vous serait impossible[1]. »

Le calife décida de mettre les chrétiens à l'épreuve. Il convoqua leur patriarche, le Syrien

---
1. Matthieu 17,20.

Amba Abram, et lui ordonna d'éloigner la montagne du Mokattam du centre du Caire. Au cours de ses prières, la Vierge apparut au patriarche. Elle déclara qu'il devait s'appuyer sur Samaïn ou Simon, un cordonnier du voisinage, très dévoué et serviable. Le prélat le convoqua et, sur ses conseils, enjoignit à tous ses fidèles d'observer un jeûne de trois jours.

Au terme de cette pénitence, entouré par Simon et tous ses fidèles, il se rendit sur la montagne du Mokattam. De la pointe de son sceptre, le patriarche repoussa la colline. En se déplaçant, elle se fractura et se cassa. De là lui vient le nom de Mokattam qui lui est resté.

Après ce miracle, le calife laissa les chrétiens en paix et les autorisa à observer leur religion. C'est donc une montagne sacrée, la montagne de la foi. Simon est devenu saint Simon.

Dans le flanc de cette montagne légendaire, le prêtre du Mokattam, Abouna Samaïn, découvrit en 1983 des grottes immenses. Il n'eut que quelques travaux à réaliser pour aménager des églises souterraines où un grand nombre de fidèles assistent aux messes. Deux chiffonniers ont fait des études de théologie et, devenus prêtres, l'assistent dans son sacerdoce.

Ces églises ont été décorées selon le rite orthodoxe. Un chemin de croix est taillé à même le rocher, plusieurs fresques représentent la Vierge, la Sainte Famille et des saints. Un jardin toujours fleuri, un magasin et même une cafétéria accueillent de nombreux croyants qui viennent y passer le dimanche en prière.

J'ai voulu qu'il y ait aussi une église dans le quartier des chiffonniers et tu as accepté avec joie cette idée, en me demandant de trouver les fonds. Ce sont donc des fidèles égyptiens qui l'ont financée et cinq prêtres y officient. Un diacre chiffonnier, Abouna Antonios, a été ordonné prêtre. Tous les chiffonniers pratiquent, qu'ils soient chrétiens ou musulmans. Au Mokattam, la majorité des habitants sont chrétiens, aussi les messes sont-elles suivies par une foule nombreuse.

Auprès de toi, sœur Emmanuelle, la parabole évangélique de la foi qui déplace les montagnes n'a cessé de me hanter. Et ce n'est pas une simple métaphore. Car je ne veux pas parler seulement des montagnes de pierres, même si nous dûmes en transporter pour toutes nos constructions. Je veux parler d'autres montagnes, non moins difficiles à déplacer : l'éducation, la santé et la promotion de la femme. Car dans un bidonville, ce sont des montagnes impressionnantes. Il paraissait impossible de les soulever. Pourtant, nous l'avons fait. Nous avons déplacé des montagnes !

Nos trois montagnes

À bien y réfléchir, derrière les trois montagnes principales, se profilaient d'autres sommets. Une véritable chaîne, si l'on ajoute la montagne de l'exclusion, celle de la mortalité infantile, celle de l'esclavage, et parfois celle de l'indifférence !

Toutes ces montagnes, en moins de vingt ans, nous les avons aplanies.

Tu avais d'emblée estimé que la montagne de l'éducation une fois dominée, celles de la santé et de la promotion des femmes seraient vite conquises. Les autres tomberaient aussi avec elle.

Voilà pourquoi, dans tes premières tournées en France, organisées par l'Ami Jean, tu interpellais ainsi tes auditeurs :

— Vous, les compatriotes de Descartes, vous manquez souvent de logique. En effet, on vous appelle au secours pour sauver des enfants de la mort par la faim ou la maladie, et il faut bien reconnaître que vous, les Français, répondez souvent les premiers à ces appels. Mais si vous procurez à ces malheureux une vie dont ils ne peuvent pas se servir, ne valait-il pas mieux les laisser mourir ?

Cette déclaration ne manquait pas de surprendre et tu poursuivais, heureuse de cette provocation qui avait éveillé la curiosité :

— En même temps que vous les sauvez de la mort, il faut les instruire. Car une vie d'analphabète implique de rester à la merci des autres.

La priorité des priorités, c'est l'école !

Dès le début de ton action, tu te préoccupas donc du sort, de l'éducation et de l'émancipation des petites chiffonnières parce que, évidemment, elles étaient les plus malheureuses. Mais surtout c'était le meilleur moyen de préparer l'avenir. Tu avais fait tienne cette affirmation du Mahatma Gandhi qui, pour libérer l'Inde de la colonisation britannique, avait réalisé l'importance qu'il y avait à s'appuyer sur les femmes :

« Si tu éduques un homme, tu éduques un individu.
Si tu éduques une femme, tu éduques un peuple. »

C'est pourquoi, dès ton arrivée à La Palmeraie, tu installes près de ta cabane, dans l'enclos des ânes prêté par Labib, les bancs de ta future école. Puis tu visites les familles et leur annonces l'ouverture d'un jardin d'enfants. Tu prévois de donner aux petits l'instruction nécessaire pour qu'ils aient le niveau requis et puissent s'inscrire ensuite à l'école du gouvernement. Mais les parents ne comprennent pas.

Pour ramasser les ordures, a-t-on besoin de savoir lire et écrire ? Les mères se font aider par les plus jeunes et les filles pour le tri des ordures,

Nos trois montagnes

et les pères par les plus grands pour la collecte des immondices et les soins aux cochons. De sorte qu'à ta première rentrée en 1971, tu n'accueilles qu'une dizaine d'enfants et aucun ne suit régulièrement les cours.

Tu n'as guère plus de succès avec les parents. Les maris n'autorisent pas leurs femmes à s'instruire et ils ne sont que quarante à vouloir suivre le programme d'alphabétisation. Ils se décourageront vite et les effectifs diminueront rapidement.

Mais ta présence leur fait du bien. Et si l'école reste vide, elle est là – symbole de ton dévouement, symbole d'une transformation possible, d'une autre vie à laquelle tous aspirent, sans toutefois consentir encore les efforts nécessaires. Ton activité principale consiste alors à donner des conseils de santé, d'hygiène, de morale. Tu es l'amie et la confidente des femmes. Tu tentes de raisonner leurs maris car tu supportes mal de voir le visage tuméfié de leurs épouses, leurs dos et leurs côtes cassés sous les coups qui pleuvent. Tu comprends surtout que pour déplacer les trois montagnes qui barrent la route de l'avenir aux *zabbalin*, il faut changer les mentalités. Pour cela tu as besoin de moi, une Égyptienne parlant l'arabe.

Peu de temps après mon installation dans ta cabane, tu déclares avec conviction :

— Sara de mon cœur, le Seigneur t'a donné tout ce qu'il me fallait !

Et au fil des ans, tu ne cessas d'affirmer que j'avais toutes les qualités requises pour accompagner ton œuvre auprès des chiffonniers. Je te savais prête à aller toujours de l'avant. Tu aimais lancer des projets et travailler avec acharnement à leur réalisation. J'admirais ton inventivité doublée d'une activité débordante qui ne faiblit jamais avec l'âge. Je te sentais désireuse d'aider tout le monde. Tu étais comme une locomotive lancée à pleine vitesse qu'il faut parfois ralentir. Et je te servais de régulateur. Je t'empêchais d'exploser. Je calmais ton enthousiasme de peur que tu ne fonces imprudemment.

Ma présence permit d'établir un dialogue en profondeur avec les chiffonniers car j'étais égyptienne comme eux. Je comprenais leur état d'esprit et leurs coutumes. Je te donnais les clefs qui ont rendu possible l'accomplissement de nos projets.

L'Ami Jean me rapporta en quels termes tu lui as décrit notre collaboration :

— L'aide de sœur Sara a été la source de chaque activité tour à tour lancée pour secourir les bébés atteints du tétanos, les enfants errant au milieu des saletés, les mamans découragées, les pères souvent brutaux. Petit à petit, les remèdes à cette misérable situation furent mis en place :

tétanos jugulé par la vaccination, classes ouvertes et joyeuses pour les enfants, soins aux mamans, visites aux papas pour les adoucir, clubs de loisirs, centres d'alphabétisation, centres professionnels, home pour les vieillards.

Sœur Sara était partout, animait, consolait, réjouissait.

Elhamdulillah ! Grâce à Dieu !

Ensemble, nous poursuivîmes les trois combats que tu avais entamés seule : pour l'éducation, la santé et la promotion de la femme. C'étaient les trois montagnes que le Seigneur nous donna la force de déplacer.

2

Tes saintes colères

« Nous sommes tous des assassins »

Ce 12 février 1974, à la messe dans la chapelle de Matareya, tu apportes à Dieu ta détresse. Tu le supplies :
— Seigneur, je suis désespérée. Tu as permis que je m'installe au bidonville, il faut maintenant me donner la force de déplacer les trois montagnes. Seule, je n'y arriverai pas. Mais avec toi, je peux tout.
La célébration terminée, tu ne rentres pas directement à Ezbet-el-Nakhl. Tu te rends chez les jésuites du collège de La Salle qui soutiennent ton action depuis le début.

Le père Maurice n'avait jamais entendu une religieuse s'exprimer comme tu le fis ce matin-là :
— Nous sommes tous des assassins, as-tu déclaré d'emblée au jésuite qui observe la rage

que tu n'arrives plus à contenir et te regarde sans comprendre.

Tu lui racontes alors le drame de la nuit. Quatre *zabbalin*, frères d'infortune qui, à 18 ans, habitent la même cabane et ramassent ensemble les poubelles dans le même quartier du Caire, sont allés hier soir au bistrot. Ils ont bu, trop bu, en jouant aux cartes. Baazak a gagné toutes les parties. Mais ses copains refusent de lui donner les cinquante piastres qu'ils lui doivent. Baazak se fâche. Les autres sortent le couteau et s'acharnent sur lui. Puis tous les quatre s'effondrent, ivres. L'alcool rouge bon marché, qu'ils ont bu ce soir-là, leur est monté à la tête.

Au petit matin, la chiffonnière Om Karima hurle. Elle a découvert le corps de Baazak, gisant dans une mare de sang.

— C'est un drame comme il y en a beaucoup d'autres, sœur Emmanuelle, répond le jésuite avec bienveillance. Nous ne pouvons rien faire.

Tu exploses :

— Je ne suis pas d'accord. Non seulement nous pouvons faire quelque chose, mais nous *devons* faire quelque chose. Et vous savez quoi. Je vous en ai parlé cent fois. Il faudrait un club où les jeunes pourront faire du sport au lieu de boire et jouer aux cartes.

— Je sais, ma sœur. Vous voulez acheter un terrain de sport et même construire une piscine, je crois ?

Tes saintes colères

Le ton narquois du religieux ne t'a pas échappé. Alors tu fais une concession :

— Je veux bien renoncer à la piscine, mais pas au club et aux autres équipements.

— Nous en avons déjà parlé et nous avons même évalué l'investissement. Ça ne coûterait pas moins de trente mille dollars d'après nos calculs. Le problème, c'est que nous n'avons pas le premier sou.

— Il me faut ces trente mille dollars. Je parcourrai le monde pour obtenir cet argent. Donnez-moi des noms. Dites-moi à quelles portes frapper.

Le père Maurice capitule. Accédant à ta demande, il t'ouvre son carnet d'adresses. Il écrit des lettres de recommandation à ses amis de Rome, de Paris ou de Londres, exposant le projet que tu veux réaliser. Il explique qui tu es. Il fait l'éloge de ton courage. Tu t'es installée dans le bidonville le plus malfamé du Caire et tu as déjà obtenu des résultats extraordinaires. Tu as créé, sans aucun moyen, une petite école et un dispensaire embryonnaire. Mais tu butes sur tes limites. Il faut te permettre d'aller plus loin.

Tu visites la nonciature, les évêchés, les supérieurs de collèges, les organisations caritatives, les ambassades, les bureaux des compagnies aériennes. On t'écoute, on te conseille. Un employé de la Pakistan International Airlines obtient un billet à prix réduit qui te permettra de voyager dans la plupart des capitales européennes, Rome, Genève, Paris, Bruxelles, Londres. Tu seras l'ambassadrice des *zabbalin*.

Tu te rends compte qu'au Caire, si on veut bien te donner des noms et des adresses, on ne croit pas que tu ramèneras les trente mille dollars. Derrière les sourires, tu sens la condescendance polie, le doute bienveillant, l'incrédulité. On ne te le dit pas tout haut, mais tu sais que les gens te prennent pour une excentrique, une illuminée. Malgré tout, tu fonces avec l'intime conviction que tu as demandé l'aide de Dieu et qu'il ne peut te laisser tomber. Tu es animée par la force du désespoir devant la mort d'un jeune de 18 ans. Tu sais que ce drame n'aurait jamais eu lieu si tu avais pu continuer de louer le terrain de sport que le propriétaire t'avait repris, car tu n'arrivais plus à le payer. Tu devais faire face chaque jour à tant d'urgence et de détresse !

Le 31 mars 1974, tu t'envoles du Caire à destination du Vatican, à Rome. Tu vas réclamer que l'Église partage ses richesses. Tu pars en croisade au nom de la fraternité et du partage. Contre l'indifférence. Contre l'égoïsme. Contre l'injustice. Tu t'es promis de ne pas revenir tant que tu n'aurais pas réuni les fonds qui te permettront de transformer la vie de tes frères et sœurs.

Après Job et Jésus, tes saintes colères

Je compris vraiment près de toi ce que signifie une sainte colère. Il y a dans la Bible l'exemple de Job qui, dans son extrême pauvreté, se rebelle contre le silence de Dieu, sourd devant la détresse des hommes victimes de l'injustice sociale. Job étend à la communauté le réquisitoire qu'il dresse au sujet de son drame personnel. Il prend Dieu à témoin de son malheur qui est commun à tous les pauvres, à tous les exploités.

En 1974, tu as décidé de déclarer haut et fort aux nantis d'Europe qu'ils sont des criminels. Si Baazak est mort, si dans les bidonvilles du monde d'autres Baazak perdent la vie, c'est que la répartition des richesses du monde est trop inégale. Tu élèves la voix pour faire prendre conscience à ceux qui sont nés dans des demeures confortables et n'ont jamais eu faim qu'il faut changer notre manière de vivre ensemble, sur la même terre.

Tu as quitté ton bidonville pour crier qu'il faut donner un sens à l'économie, construire des sociétés solidaires, rétablir la justice dans les échanges Nord-Sud. La création est un don que nous avons reçu pour le partager. Tu dis ta révolte d'un monde où un petit nombre accapare toutes les richesses. Ta colère est pareille à celle de Job, mais aussi de Jésus.

Le Christ a osé la colère, le désaccord, la rupture. Tu m'as dit un jour :

— Jésus ne décolère pas dans les Évangiles !

Tu méditais souvent la scène où il chasse les marchands du Temple :

> « Comme la Pâque des Juifs approchait, Jésus monta à Jérusalem. Il trouva installé dans le Temple les marchands de bœufs, de brebis et de colombes, et les changeurs. Il fit un fouet avec des cordes, et les chassa tous du Temple ainsi que leurs brebis et leurs bœufs. Il jeta par terre la monnaie des changeurs, renversa leurs comptoirs, et dit aux marchands de colombes : "Enlevez cela d'ici. Ne faites pas de la maison de mon Père une maison de trafic[1]". »

Nous avons bien souvent lu et relu ce passage ensemble. C'est l'une des premières manifestations publiques de Jésus qui vient d'entamer son ministère. En entrant dans le Temple, il est saisi d'indignation. Il ne supporte pas ce spectacle de désordre, de brouhaha et de trafic. Hors de lui, il se fabrique un fouet avec des cordes et chasse tout le monde du Temple, avec bœufs et brebis. Il va obstinément chasser les marchands, leurs bêtes, renverser leurs étals en les interpellant, jetant à terre la monnaie des changeurs.

---

1. Jean 2,13-16.

Tes saintes colères

Pourquoi agit-il ainsi, lui qui est la douceur et la bonté mêmes ?

Tu vois dans cette colère une manifestation de son amour pour ses frères humains. Car Jésus avec raison s'emporte de voir que la maison de Dieu n'est pas respectée. Il rappelle que ce n'est pas un lieu du monde ordinaire. C'est une faute grave d'en avoir fait un repaire où fidèles, pharisiens et prêtres oublient leur mission et se livrent même à l'usure. Jésus appelle à une autre logique que celle de l'exploitation des plus faibles.

Tu lis dans cet évangile l'exigence de regarder enfin les oubliés du profit, de réhabiliter tous les exclus. Les marchands du Temple ont la vie dure. Ils sont toujours là, aujourd'hui, pour s'enrichir de la misère des autres. Tu seras la voix des humbles qui n'ont pas voix au chapitre. Tu rappelleras aux habitants des pays riches qu'il existe à leurs portes des bidonvilles. Qu'on y meurt injustement et de ces morts tu les appelles à rendre compte.

Fidèle à cet esprit de justice, tu fis honte un jour à ton ami Jean. Avec d'autres Français, il t'avait invitée à déjeuner dans un bon restaurant près d'El Borg, la tour du Caire. Vous aviez commencé à manger agréablement quand tu t'emportas. Tu les quittas, indignée de constater que ton repas coûterait une somme qui aurait suffi à nourrir toute une famille de chiffonniers pendant un mois.

J'avoue que moi-même j'ai eu cette réaction dans des restaurants, en France et en Europe. J'accompagnais un jour une amie bretonne qui paya quarante euros le homard qu'elle allait préparer pour le dîner. Sans vouloir la culpabiliser comme tu fis avec Jean et ses amis, je plaisantai :

— En Égypte, pour quarante euros, moi aussi j'achète un *homar* !

Cette amie ne comprit pas. Je lui expliquai alors qu'en Égypte, le *homar* ne se mangeait pas. Il avait quatre pattes et de grandes oreilles, et nous appelait parfois bruyamment la nuit.

— Tu veux parler des ânes, interrogea-t-elle ?

— Exactement. Nos *homar* sont très utiles. Ils servent d'outils de travail à nos *zabbalin* et tirent leurs charrettes des années durant, sans réclamer de nourriture trop coûteuse.

Nous avons bien ri. Mais à table, le homard avait un goût curieux pour moi. J'étais choquée de manger en un seul plat la somme qui permet à une famille d'acheter un âne et d'assurer ainsi sa survie pendant longtemps.

Avec toi, Emmanuelle, j'ai bien souvent évoqué ces différences de niveaux de vie existant d'ailleurs en Égypte même. Mais nous avons plusieurs fois rencontré de généreux donateurs, conscients de cet état de fait, qui partagèrent avec nous dans un véritable esprit de justice. Chaque fois, cela nous réconfortait.

Hold-up annoncé par une religieuse

Lors de ton séjour dans la cité vaticane, tu fis hausser les épaules et froncer les sourcils de quelques prélats. Ils t'avaient pourtant accueillie avec bienveillance. Mais tu leur demandais avec une innocence feinte pourquoi l'Église ne se séparait pas de tout son faste et son décorum d'antan au profit des plus malheureux. À quoi bon ces richesses ? N'était-il pas criminel d'afficher un tel luxe, quand on avait mis ses pas dans ceux du Christ ? Il aurait suffi de vendre une de ces œuvres d'art prestigieuses pour sauver tes frères et sœurs chiffonniers. Tu disais militer pour une Église servante et pauvre.

Tu savais exposer cela avec éloquence, avec conviction. Tu avais la force de l'expérience de la pauvreté. Toi qui vivais dans la cabane d'un bidonville du tiers-monde, tu t'adressais à des religieux habitant les luxueux palais de Dieu. Tu n'hésitais pas à les mettre en porte à faux avec leur engagement.

Alors ils te répondaient avec mansuétude qu'il y avait beaucoup de besoins très urgents partout en Afrique. Mais tu ne te décourageais pas pour autant et un entretien avec Mgr Brini, au Vatican, te permit de rencontrer des personnalités que tu sus persuader que « ça ne pouvait pas durer comme ça ». Les premiers chèques arrivèrent.

Après Rome, tu t'envoles pour Genève où tu crées l'événement. Tu t'es laissé déborder par ta passion, en affirmant avec une conviction désarmante :

— Si je ne trouve pas les trente mille dollars dont j'ai absolument besoin, je suis prête à faire un hold-up !

La presse reprend ta déclaration dans ses gros titres. « Une bonne sœur veut faire un hold-up », lit-on dans les journaux genevois. Quand, trois jours plus tard, un hold-up a lieu, la coïncidence frappe les esprits. Et tu persistes. Oui, tu es prête à tout. Tu affirmes même que devant les magasins débordant de biens de consommation, toi qui arrives d'un quartier où l'on vit dans les ordures, l'envie te prend de craquer une allumette et de mettre le feu.

Tu étonnes, tu provoques et tu réveilles les consciences. On répond à tes appels au secours à Rome, à Genève, comme à Zurich, Lucerne, Londres, Bruxelles, Aix-la-Chapelle, Luxembourg, Paris, Dijon, Marseille, Nice.

C'est une tournée de star. Dans un monde où on adule les étoiles du show-biz, on aime aussi ces caractères trempés qui assument la pauvreté. Toi, mère Teresa ou l'abbé Pierre, vous faites exploser les sondages des personnalités les plus aimées. Tu deviens vite populaire et gagnes les cœurs à ta cause. À la fin de tes conférences, le public se lève, t'applaudit et t'acclame. Les journalistes se pressent pour des interviews.

Quand tu rentres au Caire, le 1er mai, tu as réuni tes trente mille dollars.

Le 2 mai, tu écris à tous les amis qui t'ont aidée cette lettre du Caire :

« Mes chers amis,

À peine débarquée près de nos chers chiffonniers (j'écris *nos* car vous les avez adoptés, n'est-ce pas ?), je veux d'abord venir encore une fois, auprès de chacun d'entre vous. Je revois, comme dans un rêve, tant de regards amis tout chargés de sympathie ; vous m'avez tous rempli le cœur de tant de chaleureuse affection que je me sens responsable de le faire déborder à mon tour sur nos frères chiffonniers, si peu habitués à l'estime et à la sympathie, eux ! Je vais reprendre la vie simple et belle de partage avec les plus pauvres. Mais, maintenant, avec quelque chose de nouveau. Des liens fraternels se sont noués ; c'est grâce à cette fraternité qui a fait non pas boule de neige, mais boule de dollars que, bientôt, sur un terrain propre et sain, vont s'élever dispensaire et salles. Les petits du jardin d'enfants vont s'y ébattre, les filles y apprendront couture et lecture, les jeunes et les hommes vont y être alphabétisés et, ô merveille ! le terrain de football va voir s'exercer nos jeunes et la salle de club va s'animer le soir. Merci à chacun d'entre vous qui réalisez le vœu de l'excellent Mgr Cayet : "Aidez-les à devenir des hommes, alors ils deviendront des fils de Dieu." »

« Je me bats pour en faire des hommes et tu en fais des mendiants »

Parmi tes saintes colères, il y eut celle qui nous gagna la collaboration fidèle et toujours précieuse de Jean Sage, devenu l'Ami Jean. Qui mieux que lui pourrait faire le récit de cette rencontre qui eut lieu quelques mois avant qu'à mon tour je ne te rencontre, sœur Emmanuelle, pour te dire « Oui ».

Dans son livre *Histoire d'un pari,* Jean raconte :

« J'ai été envoyé en Égypte en 1971, année de la mise en eau du barrage d'Assouan. J'y retournais régulièrement depuis trois ans quand le père Luyat m'a appris, en février 1974, l'existence de sœur Emmanuelle, religieuse de Notre-Dame de Sion dans un bidonville du Caire...

À cette époque, quand nous parlions de l'Institution Notre-Dame de Sion à Grenoble, nous qualifiions cet établissement de "gratin dauphinois" réservé aux jeunes filles de la bonne société iséroise ! Apprendre qu'un professeur de philo-lettres de cette honorable congrégation avait voulu prendre sa retraite dans un bidonville du Caire, franchement, je n'y ai pas cru.

Tes saintes colères

J'ai donc décidé que, lors de mon prochain voyage au pays des pharaons, j'irais vérifier si c'était vrai : j'ai toujours eu, pour saint Thomas, une véritable vénération ! Non sans difficulté, j'ai pu avoir les coordonnées de la "chiffonnière du Caire" pour la prévenir de ma visite. [...]

Première surprise qui décuple ma curiosité et mon appréhension : avec un billet de cent francs à la main, je suis de suite entouré par de nombreux chauffeurs de taxi ; mais dès que je leur montre l'adresse du bidonville, écrite en arabe, en français et en anglais, ils se récusent, alléguant que leur voiture ne peut prendre de telles pistes – or, en 1974, cent francs c'était le prix d'une journée de taxi. Je constate surtout qu'ils ont peur et j'entends pour la première fois le mot *zabbalin*.

Enfin, j'en trouve un qui doit avoir, sans doute, un peu plus faim que les autres ; il accepte de me conduire sur des chemins plus que cahoteux ; je tiens fermement les portières arrière qui ferment mal. Il m'arrête en plein désert et me montre un gigantesque tas de tôles et d'ordures à une quinzaine de minutes de marche de l'endroit où nous nous sommes arrêtés ; il paraît apeuré et il est vrai qu'au-delà, seuls les charrettes et les ânes peuvent poursuivre, il n'y a plus de piste, seulement un terrain vague plein d'ornières et encombré de saletés.

Je me mets en marche, intrigué et doutant vraiment qu'une Européenne qui a, toute sa vie, enseigné dans de luxueux lycées, puisse vivre sur ce tas d'ordures dont l'odeur devient de plus en plus suffocante et pénétrante.

À quelques dizaines de mètres des premières tôles, de jeunes adolescents tapent dans un drôle de ballon : une boîte de conserve entourée de chiffons. Aussitôt, à la vue du "bel étranger de 40 ans, propre, convenablement habillé, avec son appareil photo autour du cou", ils abandonnent leur partie, s'élancent vers moi en riant et en criant "Hello ! Hello !".

Comme j'en ai l'habitude quand des enfants m'entourent dans le désert, je plonge les mains dans mes poches pour sortir ma provision de bonbons et chewing-gums, et je commence la distribution. C'est alors qu'une sorte d'ouragan culbute ces enfants. Une petite dame se dresse, furieuse, devant moi et m'interpelle :

— C'est toi Jean ? Tu es un drôle d'individu, voilà trois ans que j'essaie d'en faire des hommes, et toi, en trois minutes, tu les transformes en mendiants !

Sœur Emmanuelle m'offre une réception bien curieuse et tout à fait inattendue. Toujours en colère, elle ajoute :

— Si tu veux faire quelque chose, tu n'as qu'à faire une partie de foot avec eux !

Confus et déconcerté, je lui confie mon appareil photo et, sous les intenses rayons du Dieu-soleil, j'entre dans la partie. En babouches, la boîte de conserve et les cailloux font mal et la poussière dense, aveuglante, colle à la peau.

Tes saintes colères

Heureusement, notre pittoresque ballon se décide bientôt à passer entre les deux bidons qui délimitent les buts. Par gentillesse, mes coéquipiers me font fête et m'assurent que c'est moi qui viens de marquer – j'en doute encore ! Comme sur tous les terrains du monde, nous nous congratulons, nous nous embrassons. Sœur Emmanuelle rit, applaudit et m'invite alors à partager mes friandises ; je me rappelle fort bien avoir mangé le premier chewing-gum pour essayer de ramener un peu de salive dans ma bouche desséchée.

Quelle formidable leçon je viens de recevoir ! En effet, en arrivant, en bon touriste, bien habillé, bien propre, ma distribution de bonbons, c'était de l'aumône, dispensée par un être supérieur à des enfants sales, misérables, en haillons. Après quelques minutes de cette étrange partie de foot, la saleté soulevée et collée à ma peau en sueur m'a transformé en "chiffonnier parmi les chiffonniers" ; ce n'est plus de l'aumône, c'est du partage !

La relation établie, sœur Emmanuelle, toujours en riant, me guide dans ce bidonville où vivent quatre mille personnes, méprisées, véritables parias de la société cairote.

Malgré mes 40 ans et la géographie qui m'a amené à bourlinguer, jamais je n'aurais pensé que de telles situations puissent exister. Là, des hommes, des femmes et surtout des enfants vivent à même le sol, au milieu des détritus, d'une fumée âcre, d'odeurs insoutenables. Ils partagent ce peu de place avec toutes sortes d'animaux, les uns sympathiques comme les chèvres, les ânes, les chiens, les chats, les autres beaucoup moins, comme les cochons noirs qui fouinent partout et surtout les rats, "les mieux nourris du tas d'ordures", proclame sœur Emmanuelle en riant.

Si je suis effrayé, je vous assure qu'eux ne le sont pas, ils sont ici chez eux ! Je suis à la fois bouleversé et émerveillé, mais je ne vous cache pas qu'au cours de cette première visite, malgré la formidable admiration que j'éprouve pour sœur Emmanuelle, je n'ai qu'une hâte, c'est de fuir, de retrouver mon taxi et surtout l'hôtel où m'attend la meilleure douche de ma vie. Je me dis que jamais plus je ne reviendrai dans ce bidonville écœurant !

Mais voilà que Sœur Emmanuelle m'arrête devant une petite fille :

— Jean, je te présente Faïma, cette petite fille de 10 ans a été mariée hier.

Elle m'explique que le mariage, c'est un contrat entre le père d'un garçon et le père d'une fille. En échange de deux chèvres, un cochon, une carriole – c'est le tarif habituel –, la fille, en l'occurrence Faïma, dès la puberté, rejoindra, comme épouse, l'enclos de son "propriétaire de mari". Sœur Emmanuelle ajoute :

— À partir du moment où une petite fille est ainsi troquée contre quelques animaux, elle n'a plus le droit de quitter le bidonville, et pour une espérance de vie de 37 ans, elle aura dix-huit à vingt maternités ; mais il en mourra la moitié !

Tes saintes colères

Je suis fier d'appartenir au peuple qui, le premier, le 23 août 1789, a proclamé à la face du monde que "Tous les êtres humains naissent libres et égaux en droit et en dignité, sans distinction de race, de couleur de peau, de religion et de sexe". Je suis aussi père de deux filles et d'un garçon. En 1974, mes deux filles ont, à quelques mois près, l'âge de Faïma ; quand je réalise que si elles étaient nées dans ce bidonville, elles seraient condamnées au tas d'ordures à perpétuité, à être des esclaves qui verraient mourir la moitié des nombreux enfants qu'elles mettraient au monde, tous les dix ou onze mois, je ne peux le supporter et je hurle ma révolte :

— Sœur Emmanuelle, ce n'est pas possible, qu'est-ce qu'on peut faire pour changer le sort de ces petites filles ?

— Je vois bien que tu es un bon Européen, toujours pressé ! Il faut respecter les coutumes de ces gens ; peu à peu, nous les ferons évoluer par l'éducation.

— Mais, sœur Emmanuelle, on ne va pas attendre des générations ! Qu'est-ce qu'on peut faire immédiatement ?

— Oh ! ne t'énerve pas, puisque tu as la chance de revenir souvent dans ce pays, à chacun de tes voyages apporte-moi un peu de médicaments, et du matériel scolaire.

Devant cette modeste demande, je crois que n'importe qui à ma place aurait répondu : « Sœur Emmanuelle, je vous parie que tout ce que vous me demanderez, je le ferai et je vous l'apporterai ! »

Voilà le géographe curieux devenu "l'Ami Jean".
Quand nous évoquons cette première rencontre, sœur Emmanuelle sourit et me dit :
— Tu as été bien eu !
Ni elle, ni moi, nous ne pensions que ce pari allait prendre de telles proportions. Je ne savais pas qu'il était complètement fou et engagé avec une partenaire animée de la folie d'Amour[1]. »

Je connais le dévouement à toute épreuve de Jean Sage. Mais sans ta colère qui l'a forcé à prendre conscience d'une réalité qu'il n'avait pas perçue d'emblée, se serait-il engagé sans réserve à tes côtés ? Puis aujourd'hui, à mes côtés ?

À lui, à moi et à tant d'autres, tu as révélé le potentiel que nous portions sans le savoir. Tu nous as poussés à sortir de la gangue de nos hésitations, nos doutes, nos peurs. Tu nous as permis de donner le meilleur de nous-mêmes.

Tes victoires

D'autres colères te permirent de gagner des batailles que tous considéraient comme perdues d'avance. J'en citerai une, particulièrement épique, dont la victoire changea la vie de milliers de personnes dans le bidonville du Mokattam.

---

1. Jean Sage, *Histoire d'un pari*, Opération Orange, 3ᵉ éd., 2004.

Tes saintes colères

Nous étions en 1983 et le ministre de l'Équipement de l'époque avait épousé l'une de tes anciennes élèves du collège Notre-Dame de Sion à Alexandrie. Il avait certainement été impressionné par la bonne éducation de sa femme, mais il lui arriva peut-être de regretter qu'elle ait été ton élève. Car tu t'es prévalue de ce lien pour faire le siège de son bureau. Tu avais décidé que tu ne le lâcherais pas tant que l'électricité ne serait pas arrivée jusqu'au Mokattam. Tu étais si obstinée et implacable avec lui que j'en étais de plus en plus gênée. J'avais honte chaque fois que je t'accompagnais à ces entrevues pimentées. Au bout de six mois, le ministre avait capitulé ! Le résultat tant convoité avait été obtenu.

Quand, en 1983, nous avions commencé à bâtir la maison qui devait servir de modèle pour le programme de construction d'habitation en dur chez les chiffonniers, nous avions fait placer des gaines électriques dans les murs en prévision de l'électrification du quartier. L'Ami Jean et ses compagnons qui nous rendaient visite sur le chantier s'étonnèrent de ces tubes qui dépassaient des murs :

— C'est de la folie ! Cela ne servira à rien, il n'y a pas d'électricité au Mokattam !

Tu avais alors répondu sans ciller, sûre de toi comme à ton habitude :

— Quand tu reviendras, l'an prochain, nous aurons rentré nos lampes à pétrole et l'eau jaillira de nos robinets.

Évidemment, Jean ne te crut pas. Or nous attendîmes moins d'un an. Pour l'eau, c'est l'un de tes amis, Mounir Nemat Allah, un ingénieur, qui présenta un dossier à la Banque mondiale et réussit à faire financer l'adduction d'eau au Mokattam. Toutes ces démarches, les documents officiels à réunir, les discussions et les rencontres s'ajoutaient au travail chez les chiffonniers. Nos journées n'étaient jamais assez longues. Tous les matins, nous préparions notre programme et nous discutions les différents points avant de tomber d'accord. Mais quelle joie de voir nos efforts porter leurs fruits ! En un temps record, l'eau jaillit des robinets et des ampoules brillèrent au bidonville.

Alors, en janvier 1984, tu écrivis à Jean :

« Nous te souhaitons une bonne année, mais nous te soulignons que tu es un homme de peu de foi, car nous avons rentré nos lampes à pétrole et l'eau gicle sur nos lavabos ! »

Ton impossible permis de conduire

Tu avais une forme d'impatience, dictée par la conviction qu'il ne te restait plus longtemps à vivre et qu'il fallait agir rapidement pour le bien des *zabbalin*. Quand je te rencontre en 1975, tu as 67 ans et tu penses que tu n'en as plus que pour cinq ans. Mais tu vivras en fait trente-deux ans de plus, par la grâce de Dieu. Ton impatience te joua parfois des tours.

Nous avions toujours de longs trajets à faire dans une ville qui est mal desservie par les transports publics. Nous perdions un temps précieux à attendre les trains, les trams et les bus bondés. Il fallait ensuite supporter des trajets fatigants dans la circulation très dense du Caire, avant d'arriver à destination. Une partie de nos journées se perdait en ces allers-retours.

Tu t'étais ouverte du problème à un généreux donateur suisse qui, en 1977, nous avait offert une petite Citroën, très jolie, de couleur vert pomme. Il t'avait expliqué qu'il serait préférable de ménager cette voiture dans les rues mal entretenues du Caire où les ornières sont redoutables. Pour qu'elle dure plus longtemps, il t'avait conseillé de ne transporter qu'un maximum de 200 kilos à la fois. Alors tu avais acheté exprès un pèse-personne que tu remisais soigneusement dans le coffre.

Avant de monter dans la voiture, si nous étions nombreux, il fallait passer par le rituel de la pesée. Tu sortais de ta poche un petit calepin, comme tu les aimais, avec son fin crayon dans un étui, et tu demandais à chacun de vérifier son poids, que tu notais scrupuleusement avant de faire l'addition. Nous étions suspendus à tes lèvres, surtout en période de fortes chaleurs ou lorsque soufflait le *khamsin*, ce vent torride du désert. Si le total dépassait le poids recommandé, ne fût-ce que d'un seul kilo, tu priais quelqu'un de ne pas monter. Je ne t'ai jamais vue transiger sur ce point. Aucun argument ne pouvait t'apitoyer. Selon toi, nous avions trop besoin de cette voiture et tu voulais l'épargner. Tu avais presque plus d'égards pour notre Citroën que pour l'un ou l'autre d'entre nous.

Je t'entends encore dire à la jeune Souad, qui nous aidait au jardin d'enfants et qui était la plus mince :

— Tu dois descendre, chérie, je suis désolée. Sinon la voiture va casser !

— Pourquoi toujours moi ? demandait Souad.

— Mais, chérie, parce que tu es la plus jeune et la plus légère, répondais-tu immanquablement.

Quand on devait faire des courses ou des visites, on appelait Georges, notre fidèle chauffeur, qui habitait Matareya. Grand, costaud, il parlait plusieurs langues, l'arabe, le français, l'anglais et l'italien. Il avait reçu une excellente éducation chez des franciscains et, à l'origine, avait voulu être moine. Mais il rencontra Hélène, d'origine grecque, qui parlait arabe avec un accent inimitable provoquant nos fous rires. Tous deux avaient fondé une famille très unie et étaient devenus les parents de quatre filles et deux garçons.

Je me rappelle un jour de juillet où il faisait très chaud. En arrivant à Matareya, tu me dis :

— Sara de mon cœur, je dois voir les sœurs de ma congrégation, tu ne peux pas m'accompagner. Georges est fatigué, je te demande de rentrer seule.

Le soleil tapait dur, il était près de 3 heures de l'après-midi. Nous étions loin de la station de train. Je ne pus m'empêcher de répliquer :

— Comment ? Georges est fatigué, et moi alors ? Je ne suis pas fatiguée ? Je dois rentrer à pied ?

Tu demeuras inflexible. Je pris le train et marchai quatre kilomètres sous un soleil de plomb. J'arrivai au bidonville exténuée, liquéfiée.

Le lendemain, tu vins t'excuser. Tu m'expliquas que tu n'avais pas voulu contrarier Georges. Il lui arrivait de se rebeller contre tes exigences, car il est vrai que tu le sollicitais souvent. Quand il était fâché contre toi, il t'appelait « Napoléon » et te reprochait ton autoritarisme. Tu craignais qu'il ne finisse par nous quitter, et tu avais jugé que, pour ma part, je pouvais accepter tous les efforts. Voilà pourquoi tu ne m'avais pas épargnée. Tu étais dure parce que notre vie était dure. Mais je t'aimais en dépit de tout et je comprenais tes raisons, tu n'étais pas injuste.

Pour pallier ces difficultés de transport, tu décidas qu'il serait bon de conduire nous-mêmes la voiture pour nos déplacements. Il fallait donc passer le permis de conduire. Qu'à cela ne tienne !

Aussitôt dit, aussitôt fait, nous voilà parties à la recherche d'une auto-école. Nous nous inscrivons, payons les cours et montons dans la voiture. Mais si pour moi les choses se passent bien et si j'arrive à progresser, il n'en va pas de même pour toi. Je te traduis pourtant au fur et à mesure les instructions du moniteur, mais tu n'arrives pas à tenir le volant dans l'axe des roues. La voiture t'échappe à gauche, à droite. Tu appuies trop sur l'accélérateur chaque fois que tu as réussi à démarrer et tu fonces au risque de provoquer un accident.

Le moniteur s'impatiente :

— Dis à ta maman de ne pas démarrer trop vite !

Je te conseille d'appuyer doucement sur la pédale :

— Pas trop fort, pas trop fort !

Le moniteur, qui ne connaît pas le français, répète :

— Petit four, petit four !

Puis il se frappe la tête de ses mains, désespéré car tu ne l'écoutes pas plus que les protestations du moteur ! Tu n'en fais qu'à ta tête. Surtout tu ne comprendras jamais pourquoi, une fois la voiture démarrée, on doit passer les vitesses progressivement. Tu voulais, de la première, embrayer directement en quatrième.

De guerre lasse, le moniteur me dit un jour où nous avions failli avoir un grave accident :

— Jamais ta mère n'aura son permis ! À partir de maintenant, je refuse de continuer à lui donner des leçons.

Comme à ton habitude, tu t'obstines. Tu vas voir le Dr Adel, ami fidèle et dévoué. Tu le persuades de t'apprendre à conduire dans la voiture du dispensaire, qui sert aux visites de malades. Au début, il semble que tu t'entends mieux avec lui et nous redevenons optimistes. Mais en réalité tu n'écoutes pas plus le Dr Adel que le moniteur – jusqu'au jour où tu percutes un lampadaire. Comble de malchance, c'est celui qui éclaire l'entrée d'un commissariat de police.

La voiture s'est immobilisée, encastrée dans le pylône. Les gens accourent, on s'attroupe autour de vous. Les policiers, alertés par le bruit, sortent et, très véhéments, t'emmènent au poste avec le Dr Adel. Tu as beau t'expliquer, ils ne veulent rien entendre. Il n'est pas question de te libérer car tu conduisais sans permis. Tu tempêtes, essaies de les convaincre de ta bonne foi en baragouinant des mots d'arabe que tu commences à parler assez bien.

Mais ils ne comprennent rien à ton histoire de voiture du dispensaire et du camp de chiffonniers. Comment une étrangère habiterait-elle un bidonville ? Pourquoi une femme âgée voudrait-elle passer le permis de conduire ?

La présence du Dr Adel n'arrange rien. Les policiers deviennent soupçonneux. Ils appellent leur supérieur hiérarchique. Tout le commissariat est en ébullition quand, à force de persévérance, tu obtiens l'autorisation de téléphoner. Tu appelles l'ambassade de France où tout le monde te connaît. Tu demandes à parler séance tenante à son excellence.

Monsieur l'ambassadeur arrive en personne à ton secours. Il n'a pas perdu de temps. La discussion avec le commissaire est cordiale. On a évité l'incident diplomatique. Tu es libérée avec le Dr Adel. Au moment de te quitter, le commissaire de police te donne ce conseil :

— À ton âge, il ne faut pas apprendre à conduire. Il fallait y penser lorsque tu étais jeune !

Quand je t'ai retrouvée ce soir-là, nous avons bien ri de cette mésaventure, mais je me suis permis de te faire remarquer que, quand ton impatience n'était pas au service des autres, elle te jouait des tours et te rendait trop impulsive. Tu m'as embrassée en disant que j'avais raison et que de toute façon tu avais renoncé à apprendre à conduire.

Je me suis sentie soulagée.

Des cafards clandestins

J'ai toujours eu à cœur de t'aider dans les relations humaines. Ta personnalité était si entière que tu ne comprenais ni les demi-mots ni les demi-mesures ni les pudeurs des uns et des autres. Il est des choses parfois difficiles à dire ou demander. Les gens ont des scrupules et des inhibitions, des préjugés et des idées toutes faites. On ne pouvait pas attendre non plus qu'ils fassent ce que nous avions, nous, accepté de faire avec l'aide du Seigneur. C'est moi qui tentais d'arranger les choses autour de toi quand tu avais bien involontairement indisposé ou gêné certaines personnes.

Tes sœurs de Sion avaient fait un autre choix que toi. Elles ne supportaient pas les puces, les cafards et les mauvaises odeurs que tu ramenais du bidonville quand tu allais dans ta communauté de Matareya en fin de semaine, comme ta congrégation te l'avait imposé. L'une d'elles avait aussi très peur des microbes et te reprochait d'arriver avec des baskets boueuses. Tu ne m'avais jamais rien dit de ces problèmes et, un jour, à ma grande surprise, ta sœur me prit à part pour se plaindre. Elle voulait que je te raisonne.

Je plaidai sa cause auprès de toi :

— Emmanuelle, tout le monde ne peut pas tolérer nos conditions de vie. Tu arrives dans ta communauté avec des chaussures pleines de boue, tu pues, tu es couverte de puces qui sautent dans tous les sens. Tes sœurs ne peuvent pas supporter ça. C'est un cauchemar pour elles, il faut les comprendre.

Tu gémis d'une petite voix qui me fit pitié :

— Mais, Sara, elles sont maniaques !

Je te réconfortai, te conseillai de commencer par te doucher dans la maison du concierge et de te mettre de l'eau de Cologne avant d'arriver dans ta communauté. Moi-même, qui n'ai pas pour habitude de me parfumer, j'en utilisais car l'odeur du bidonville nous collait à la peau et aux vêtements, même une fois lavés. À mon sens, nous n'avions pas à faire subir aux autres de tels inconvénients. Mais ils te paraissaient insignifiants et négligeables par rapport à toute la détresse du bidonville. J'essayai d'expliquer à tes sœurs que tu ne comprenais pas qu'on donne tant d'importance à ces détails.

Un jour, tu me racontas que les religieuses de ta communauté avaient sorti toutes tes affaires sur la terrasse, sous prétexte qu'une colonie de cafards y habitait. Cela te déplut fortement et, pour te venger, tu fermas à clef la double porte-fenêtre pendant qu'une religieuse était en train de fouiller dans tes cartons. Puis tu quittas l'appartement. Quand ta sœur voulut rentrer, elle eut beau frapper contre la vitre, personne ne lui ouvrit et elle dut attendre plusieurs heures, le temps qu'une autre sœur revienne. Je ne t'approuvais pas, mais je te comprenais.

Au déjeuner, tu avais une autre habitude qui irritait tes sœurs. Tu voulais inviter tout le monde. Si par chance on avait un poulet, tu me suppliais :

— Sara de mon cœur, tu es douée. Coupe le poulet en quatorze morceaux pour qu'on ait tous un peu de viande !

Je te répondais :

— Bien, ma sœur.

Et je faisais de mon mieux. Entre nous, ça se passait dans la paix. Mais les religieuses de ta communauté n'appréciaient pas que tu leur amènes plus de bouches qu'elles n'en pouvaient nourrir. Toi, tu voulais toujours partager et parfois tu les provoquais, ce qui se terminait dans des disputes.

Heureusement, tes sœurs m'aimaient bien, ce qui permettait d'arranger les choses si tu étais allée trop loin. Quand elles tombaient malades, je les emmenais chez le médecin, à l'hôpital. Je traduisais pour elles, leur faisais des courses et rendais des services. On s'entendait à merveille.

Il m'arrivait de t'accompagner dans l'appartement de ta communauté, surtout quand nous avions de la correspondance à rédiger, des papiers, des dossiers à remplir. C'était difficile de s'organiser pour cela au bidonville où il n'y avait pas encore l'électricité. Nous dormions alors dans une chambre, près du concierge, où il y avait seulement un canapé pour toi. On n'avait rien prévu pour moi mais ça ne me dérangeait pas. J'étalais des journaux par terre et m'allongeais dessus, comme dans la cabane, avec les rats en moins.

Un jour, l'une de tes sœurs a vu comment j'étais installée et elle t'a grondée :

— Sœur Emmanuelle, comment pouvez-vous faire dormir sœur Sara dans ces conditions ? C'est scandaleux de la traiter ainsi ! Elle va tomber malade, il faut lui trouver un canapé.

Nous en avons acheté un d'occasion, à cinq livres égyptiennes, et il était confortable, malgré ses pieds bancals !

Je ris en repensant à un séjour en Autriche dans une communauté de tes sœurs. Ces religieuses très distinguées nous servaient du thé dans de jolies tasses en porcelaine, accompagné de délicieux biscuits, lorsqu'un énorme cafard sortit de ton sac, semant la panique. Je te murmurai à voix basse en arabe :

— Surtout ne dis rien !

Nous n'avions personne d'autre pour nous recevoir dans ce pays et j'avais peur que l'on ne veuille plus nous accueillir nulle part à cause de cet incident. Les religieuses étaient complètement affolées. Nous évitions de nous regarder pour ne pas éclater de rire, car leur frayeur nous paraissait disproportionnée. Je dus même faire semblant d'avoir avalé de travers pour dissimuler mon fou rire quand elles appelèrent les pompiers !

Nous n'en revînmes pas en voyant arriver une équipe de secours qui se mit à chasser le cafard. Ils l'attrapèrent sans trop de peine, après s'être protégé les mains, et le glissèrent dans un sac en plastique. Un entomologiste allait l'étudier. Nous nous sommes demandé si nous ne serions pas convoquées pour être interrogées sur cet insecte. À part nous, qui aurait pu l'amener ? Nous serions forcément soupçonnées.

Mais par courtoisie sans doute, on ne nous posa aucune question. Personne ne nous donna de nouvelles du cafard clandestin. Cet insecte est en Égypte le cousin du scarabée, symbole du dieu Khepry qui offre le bonheur éternel. Je n'aurais jamais imaginé qu'il puisse un jour causer pareil esclandre et que j'en sois témoin. Je tremble a posteriori à l'idée que tu aies révélé innocemment que nous l'avions amené dans nos bagages.

Qui sait ? On nous aurait peut-être mises en quarantaine !

« Sara s'entendrait bien avec le diable ! »

Il arrivait que parmi les chiffonniers tu aies des réactions mal adaptées à la situation. Malgré ton amour pour eux et ton dévouement, tu ne connaissais pas leurs coutumes de manière approfondie et, au début surtout, tu parlais mal leur langue. Rappelle-toi le jour où la maman de l'une de nos monitrices est tombée malade. Nous avions décidé d'aller la voir et tu me demandas :

— Sara de mon cœur, que puis-je dire en arabe à cette dame pour lui faire plaisir ?

Je te répondis :

— Dis-lui : « *Rabena yechfiki* », « Que Dieu te donne la santé et tu seras guérie ! »

Sur le chemin, tu as répété la formule plusieurs fois et, en arrivant chez cette personne qui avait 40 de fièvre, tu as déclaré :

— *Rabena yesheviki*, « Que Dieu te brûle » !

Et la pauvre femme malade t'a regardée, effondrée, en murmurant :

— Oui, je suis vraiment brûlée avec cette chaleur !

Alors tous ceux qui se trouvaient là ont éclaté de rire.

Plus tard, tu t'exprimas mieux en arabe, mais les finesses et les subtilités de la conversation t'échappaient. Nous n'étions pas non plus toujours d'accord sur l'attitude à adopter et quand je pensais que tu n'avais pas raison, je prenais sur moi de résoudre le problème sans t'en parler ou contre ton avis.

Je me rappelle l'histoire de Nadia. Il devait être 4 heures du matin quand des coups frappés à la porte nous réveillèrent. J'allai ouvrir et vis une jeune femme de 26 ans dont le bas de la robe était ensanglanté. Je crus qu'elle faisait une fausse couche mais elle m'expliqua que son mari était rentré ivre au milieu de la nuit. Il l'avait réveillée et comme elle avait refusé de faire l'amour avec lui, il était allé dans la cuisine. Revenu avec un couteau, il avait quatorze fois poignardé son vagin. La malheureuse se tordait de douleur et continuait de saigner abondamment. Je lui donnai de l'argent et l'envoyai à l'hôpital. Des médecins parvinrent à la recoudre et elle mit au monde un bébé, un an plus tard.

Sur le moment, je ne te dis pas la vérité. J'évoquai juste un problème gynécologique. Puis une fois Nadia rentrée de l'hôpital et rétablie, j'allai voir son mari et tentai de le raisonner car il aimait sa femme et c'était un bon père. Malheureusement, l'alcool lui faisait perdre la tête. C'est son addiction qu'il fallait traiter. Je t'expliquai alors ce qui s'était passé. Je ne fus pas surprise de ta réaction. Tu me reprochas de ne pas être allée dénoncer à la police le mari de Nadia. Mais je te répondis :

— Comment faire, sœur Emmanuelle ? Si nous commençons à dénoncer les maris qui maltraitent leurs femmes, il faudra mettre en prison tous les hommes du bidonville.

Nous avons longuement discuté du cas de Nadia et tu finis par admettre que j'avais eu raison. Mais je préférais avoir cette discussion à froid avec toi, plutôt qu'au moment d'agir.

Je me méfiais depuis un incident arrivé avec une voisine qui habitait à Ezbet-el-Nakhl dans une cahute en face de la nôtre. Son mari l'avait frappée une fois de plus et cruellement blessée. Comme elle avait de la famille à Ismaïlia, tu pris sous ta responsabilité cette femme et ses enfants. Tu leur achetas des billets de train et envoyas tout le monde chez ses parents.

Lorsque le mari rentra le soir de sa tournée de ramassage des ordures, il fut très difficile de calmer sa fureur quand il ne trouva pas sa femme et ses enfants chez lui. En apprenant ce que tu avais fait, il se mit aussi en colère contre toi. Tu avais raison de vouloir défendre sa femme, mais pas de t'immiscer ainsi dans leur vie.

Une semaine plus tard, les parents renvoyèrent au père ses six enfants. C'était une charge trop lourde pour eux. Et le mari refusa que sa femme revienne. Elle souffrait de ne pas revoir ses enfants dont elle fut séparée pendant plus d'un an. Elle en arriva même à supplier son mari de reprendre la vie commune.

J'essayais de te persuader. Je te disais que ce n'était pas la coutume d'éloigner une femme de son mari. Tu admis que tu avais eu tort, tu t'efforças de réconcilier ce couple et fis en sorte que la femme revienne auprès de son mari et de ses enfants.

D'autres fois encore, j'ai agi contre ton avis mais toujours dans un esprit de conciliation afin de préserver notre bonne entente avec les chiffonniers. Nous avions emmené les enfants en camp de vacances, au bord de la mer Rouge. Une fille était si insupportable que tu menaçais de la renvoyer au bidonville. Un soir, elle n'arrivait pas à dormir et, tout excitée, s'amusait à réveiller les autres en les frappant à coups de babouche. C'en était trop pour toi. Tu appelas Georges pour qu'il ramène la petite en pleine nuit chez ses parents. Je proposai de les accompagner. Nous partîmes et, quelques kilomètres plus loin, je réussis à calmer l'enfant. Nous marchâmes un peu mais, à notre retour, tu étais toujours en colère.

La fillette vint s'excuser et tu eus de la peine à lui pardonner. Je te sentais surtout fâchée contre moi, qui n'avais pas voulu la ramener au bidonville. J'avais pour habitude de ne pas t'affronter et j'attendis que ton énervement retombe. Quelques heures plus tard, je pus enfin t'expliquer comment je voyais les choses :

— Emmanuelle, il faut comprendre, cela aurait été très mal vu par les parents que nous arrivions en pleine nuit au bidonville avec leur enfant. Nous leur aurions fait honte car les autres auraient pensé qu'ils éduquaient mal leur fille. Il faut ménager la paix entre les chiffonniers dont la vie est tellement difficile. C'est à nous de tenir leurs enfants quand ils nous les confient.

Tu as reconnu le bien-fondé de mon raisonnement et peu à peu tout est rentré dans l'ordre. L'excitation des premiers soirs calmée, les enfants ont été plus faciles.

Entre nous, les choses ont toujours été claires. Il n'y a rien que je t'ai caché pendant ces dix-huit années passées ensemble, dans des conditions de vie extrêmement dures. Je ne t'ai jamais menti et je sais que tu ne m'as jamais menti. Dans nos moments de désaccord, je ne me suis jamais révoltée. Jamais je n'ai envisagé de te quitter.

De par ma nature, quand je suis froissée ou énervée, je m'éloigne. Je reste seule un quart d'heure, une demi-heure, voire une heure si c'est plus grave. On évite ainsi de se disputer. Puis quand je reviens, c'est fini. Ce système a bien marché avec toi. Tu comprenais que quelque chose n'allait pas en me voyant m'éloigner.

Si j'étais gravement peinée, j'allais dans l'église voisine d'Abuna Samaan. Je m'agenouillais dans la grotte de la falaise pour prier. J'appelais la Vierge à mon secours, je lui demandais de m'éclairer, de m'aider à surmonter l'obstacle. Ensuite je rentrais. Lorsque je sentais que l'occasion était venue, je te disais :

— Emmanuelle, est-ce que tu as eu vraiment raison de me dire ça ? De me faire ça ?

Tu te rendais compte que tu étais allée trop loin et tu t'excusais. Nous nous embrassions et, une fois réconciliées, nous cherchions le meilleur pour nous et les autres.

Quand tu m'as paru avoir été très dure avec moi, ce qui n'a pas été souvent le cas, je suis partie me ressourcer dans mon couvent, à Béni Suef, pendant deux ou trois jours. Je ne confiais rien à personne, sauf à Mgr Athanasios. Il souriait en me disant gentiment :

— Allons, sœur Emmanuelle est ta maman, elle te donne tellement. Tu peux supporter ça !

Tu te rendais compte des efforts que je faisais pour maintenir la paix entre nous et autour de nous. Tu t'étonnas même un jour auprès de quelqu'un qui se plaignait de ne pouvoir s'entendre avec moi :

— Sara s'entendrait bien avec le diable ! Elle arrive à me supporter moi ! Je ne comprends pas que tu ne trouves pas un terrain d'entente avec elle !

De nombreuses personnes ont essayé de nous diviser. Pour me monter contre toi, les coptes me disaient de me méfier de toi, une catholique romaine. Tu allais tenter de me convertir. Et les catholiques te demandaient pourquoi tu travaillais avec une copte. Car nous avions auprès d'eux la réputation d'être des ânes et de ne rien comprendre à rien.

Nous nous disions ces choses en riant. Aujourd'hui encore, les chiffonnières du bidonville, quand elles me parlent de toi, disent que nous étions inséparables. Comme les doigts de la main. Ce que les gens ne savaient pas, ce qu'ils ne comprenaient pas, c'est à quel point nous étions unies dans l'amour de Jésus-Christ, notre Seigneur.

3

La réalité a dépassé nos rêves les plus fous

Changer les mentalités

Autour de nous, chaque jour apportait son lot de drames.

Certains étaient causés par l'évolution de maladies qu'on ne traitait pas, d'autres par le manque d'hygiène, d'autres encore par la pratique de coutumes ancestrales. Les chiffonniers recouraient à des expédients d'un autre âge, contre lesquels il était bien difficile de lutter.

Je me souviens d'une femme qui souffrait du genou. Pour se guérir, elle s'était fabriqué un cataplasme d'ail, écrasé avec du sel et du poivre. Elle l'avait appliqué sur son genou toute la nuit en ressentant des picotements qui lui parurent de bon augure. C'était pénible mais elle pensait que son remède agissait et lui ferait du bien. Hélas, le lendemain, lorsqu'elle est venue nous voir, son genou était sérieusement enflammé, la chair rongée jusqu'à l'os. On a mis six mois pour la guérir.

Un homme qui avait des rhumatismes eut recours, lui aussi, à un procédé de ce genre. Il utilisa un remède à base de cactus pilé et de sel, appliqué contre la jambe pendant une nuit. Résultat, au matin il avait la chair à vif.

Une autre fois, nous vîmes arriver une femme souffrant d'hémorroïdes. Pour se traiter, on lui avait préconisé de s'asseoir sur quatre briques bien chaudes. Elle a été brûlée au second degré et la peau de ses fesses pendait. Évidemment elle n'était pas guérie de son mal et la malheureuse nous a suppliées de prendre soin d'elle.

Je me rappelle aussi le cas de ce garçon qui avait trouvé un tube de pommade dans les ordures. Il voulut l'essayer sur ses yeux qui s'enflammèrent gravement. Alors, pour le soulager, des voisins conseillèrent à ses parents de lui percer l'oreille avec une aiguille, d'y passer une ficelle et de faire un nœud. Trois jours plus tard, quand ils ont amené leur fils à notre dispensaire, le lobe de son oreille était enflé, plein de pus, et ses yeux n'allaient pas mieux.

Mais il était aussi difficile de s'assurer que les prescriptions données par le médecin étaient respectées. À l'un des malades que nous recevions dans notre dispensaire, le docteur avait donné

La réalité a dépassé nos rêves les plus fous

des suppositoires. Deux ou trois jours après, il est venu se plaindre auprès de moi :

— Le médecin est un âne, il n'a rien compris. Ses suppositoires, je les ai avalés, mais c'est amer et ça colle aux dents. Quant aux autres cachets, ils m'ont fait très mal. Je les ai mis au derrière comme il m'avait dit de le faire et ils m'ont brûlé !

Je demandai à voir son ordonnance et ne pus m'empêcher de rire :

— Mais c'est le contraire qu'il fallait faire ! Il fallait avaler les cachets et te mettre les suppositoires dans le derrière !

Sœur Emmanuelle avait du mal à garder son calme :

— Sœur Sara, tu dois leur expliquer mieux !

Finalement nous avons décidé que j'accompagnerais le médecin à chaque consultation, ce qui me permettrait de donner des consignes précises. Ensuite, je repasserais voir les malades les plus gravement atteints pour m'assurer qu'ils suivaient bien nos recommandations et que leur guérison était en bonne voie.

Mes interventions étaient aussi parfois indispensables. Par exemple, quand les femmes avaient rendez-vous avec la gynécologue, je devais organiser leur toilette avant. Sans les brusquer ni les vexer, je leur ai fait comprendre peu à peu l'importance de l'hygiène intime. Il était urgent de leur enseigner aussi à laver correctement leur bébé, de leur expliquer ce qu'il convenait de faire ou ne pas faire dans les gestes du quotidien.

C'était par exemple la lessive, pour laquelle les femmes utilisaient de l'eau de Javel. Après avoir lavé leur linge, elles laissaient cette eau traîner. Un enfant passait, en buvait et se mettait à hurler de douleur, la gorge et la langue brûlées. Nous avons vu des enfants en mourir. D'autres, qu'on soignait à temps avec un œuf battu dans un verre de lait pour protéger l'estomac, s'en sortaient, parfois avec difficulté.

Pour certains accidents, on ne pouvait rien faire, si ce n'est recommander la prudence et éviter de laisser traîner des objets ou ustensiles potentiellement dangereux. Nous avons vu le drame de l'une de nos voisines, mère de deux enfants. Occupée à allaiter son bébé, elle n'a pu surveiller l'aîné de 2 ans et demi ; celui-ci aperçut un seau d'eau, prit une pierre et la lança au fond. Il voulut ensuite la récupérer, plongea la tête et se noya.

Déjà, avant mon arrivée, tu avais compris que pour faire évoluer le bidonville, il fallait changer autant les mentalités que les conditions de vie. Les *zabbalin* étaient intelligents mais il leur manquait cruellement une véritable

La réalité a dépassé nos rêves les plus fous

éducation à l'hygiène comme à la santé. Cependant ils apprenaient vite les bons réflexes et, peu à peu, notre travail portait ses fruits. C'était une joie de constater les résultats de nos efforts et nous remercions Dieu de ce qu'il avait permis.

Une succession de miracles

Notre vie a été une succession de miracles.
Nous avons réalisé une œuvre d'assistantes sociales et d'humanitaires, mais avec une motivation bien différente de celle des travailleurs sociaux. Car notre action était profondément ancrée dans notre foi. Si souvent nous nous sommes senties protégées, soutenues par la présence aimante et invisible de notre Seigneur !

Comment avons-nous réussi à passer toutes ces années, vingt-deux pour toi et trente-trois aujourd'hui pour moi, sans être touchées par une maladie grave ? Nous avons eu un choc le jour où nous avons fait analyser l'eau que nous buvions au bidonville du Mokattam.

Au tout début, il fallait aller chercher l'eau très loin. Aussi, lorsqu'on a eu les moyens de s'organiser, on a fait construire un réservoir qu'un camion-citerne remplissait régulièrement d'eau potable. Au bout de trois ans, nous avons remarqué qu'il y avait des vers dans cette eau et, à l'analyse, elle s'est révélée remplie de microbes. Nous avons alors enquêté sur sa provenance et appris que le camion-citerne qui nous l'apportait nettoyait aussi les égouts, sans que sa cuve soit désinfectée entre les voyages.

Il fallait que nous soyons bien solides pour n'avoir pas attrapé de maladies, avec la grâce de Dieu ! Pendant un certain temps, nous avons eu toutes les deux de la fièvre et des maux de ventre. Le travail était rendu éprouvant dans ces conditions, mais nous avons continué. Nous avons compris plus tard que nous avions probablement souffert d'une hépatite.

Autour de nous, des guérisons inespérées se produisaient. J'ai croisé récemment Om Fami, une vieille chiffonnière qui t'a connue à ton arrivée. À l'époque, c'était une jeune femme mariée à Guirguis, un homme d'une carrure impressionnante, très bon avec elle. Ils ne se disputaient pas, à la différence des autres couples et, à ma connaissance, il ne l'a jamais battue. Un jour, son fils aîné est tombé gravement malade. Tu l'as envoyé chez le médecin qui a répondu qu'il n'y avait rien à faire. L'enfant souffrait d'une méningite grave, il fallait se résigner à le voir mourir. Om Fami était désespérée. Elle t'a suppliée de passer voir son fils et tu as promis de venir le lendemain, à ton retour de la messe.

La réalité a dépassé nos rêves les plus fous

Quand tu es arrivée, le petit était inconscient. Tu as prié avec sa mère auprès de lui. Peu après ton départ, il a recouvré ses esprits et en trois jours il s'est rétabli, reprenant très vite une vie normale.

Nous avons vu ainsi plusieurs cas de guérisons rapides et inespérées. Combien de fois, dans les ordures, les enfants se tailladaient les pieds avec des tessons de verre, des bouts de ferrailles et des clous, quand ils ne s'enfonçaient pas des échardes ou ne se coupaient pas les mains en triant les déchets ! Nous leur faisions des pansements et nous avions la surprise de les retrouver à quelques jours de là, leur plaie cicatrisée ! Je suis infirmière et j'avoue qu'à ce titre, je sais que de telles guérisons sont des cadeaux de Dieu !

Il nous fallait vivre dans des conditions extrêmes, rendues plus inconfortables encore et dangereuses pour la santé lors des fortes chaleurs de l'été. Quand il fait 45 °C le jour, 39 au coucher du soleil et 32 la nuit, dans les cabanes, les toits de tôles et de palmes concentrent la chaleur étouffante. Or il n'y avait pas de toilettes, pas suffisamment d'eau pour se laver. Une fois par semaine, avec à peine un filet d'eau, je devais me laver le visage, les cheveux, les bras, les jambes, les pieds. Je me servais ensuite de cette eau pour nettoyer la cabane. J'essayais toujours de te laisser le plus d'eau possible, car tu souffrais du manque d'hygiène plus que moi et tu avais besoin de te rafraîchir tous les jours.

Pourtant, si inconfortable que soit notre vie, nous l'aimions. Je t'entends encore dire de ta voix aigrelette à des amis venus nous visiter :

— Je suis mieux dans ma cabane que la reine d'Angleterre dans son palais de Buckingham !

Les gens riaient mais tous sentaient que tu disais vrai. Je t'admirais d'endurer de telles conditions de vie à ton âge. Pour rien au monde tu n'aurais échangé ton enclos de tôle. Pour toi comme pour moi, le bidonville était la maison du Seigneur. Je sentais bien que tu étais dotée d'une santé et d'une joie de vivre qui n'étaient pas ordinaires.

J'aimais particulièrement te regarder quand tu priais. Il est difficile de décrire ce rayonnement qui venait éclairer ton visage. Tu étais transfigurée. J'en avais souvent les larmes aux yeux. Cela, je l'ai observé jusqu'à la fin de ta vie. Tu savais accueillir Dieu dans ton cœur et ça se voyait. Tu avais atteint un tel degré de foi que chacun de tes souffles était devenu une prière. Les chiffonniers avaient beau être illettrés, c'était des gens simples à l'esprit ouvert sur le sacré. Chrétiens et musulmans t'aimaient infiniment car ils sentaient que tu étais une femme de Dieu. Tu représentais parmi eux la présence de Dieu.

La réalité a dépassé nos rêves les plus fous

Des interventions miraculeuses

Il y a eu parfois des interventions miraculeuses. Je n'ai pas d'autres mots pour les qualifier. La plus spectaculaire, que l'on se raconte encore dans les familles du bidonville au Mokattam, s'est produite un matin où tu étais partie très tôt pour la messe, comme à ton habitude. C'était l'hiver et, à 5 heures, il faisait nuit. Une meute de chiens t'avait attaquée et menaçait de te mordre. Brandissant ta lampe de poche tu avais réussi à les éloigner, mais cela les avait excités. Pour leur échapper tu t'étais mal orientée, du côté de la falaise.

Soudain, tu entends une voix forte qui te crie en français :

— Emmanuelle, attention !

Tu sens une main te saisir l'épaule et tu t'arrêtes. À la lumière de ta torche, tu aperçois à tes pieds le bord du précipice qui bordait la falaise. Un pas de plus et tu faisais une chute de dix-huit mètres ! La voix provenait de cet abîme où tu serais tombée, faute d'avoir été prévenue de manière incompréhensible.

À nos débuts, nous avions si peu que notre nourriture était très maigre. Tu recevais dix dollars de ta congrégation et moi sept livres égyptiennes, que nous mettions en commun. C'était insuffisant, d'autant que nous nous efforcions de partager avec ceux qui avaient des besoins d'argent pressants. Nous n'avions pas les moyens de nous offrir les calories, les vitamines et les protéines recommandées. L'hygiène aussi était douteuse. Pourtant, dans ces conditions qui étaient celles de tous les habitants du camp de chiffonniers, une solidarité extraordinaire se manifesta chaque fois que nous nous sommes trouvées en détresse.

En revenant de la messe, tu t'arrêtais à une petite échoppe pour acheter un pain, une boulette de fèves, le tout pour une piastre, et tu mangeais de bon appétit ce sandwich en chemin.

À midi, je cuisinais quelques légumes. Parfois, nous avions du fromage blanc. Quand je trouvais un poulet pour cinquante piastres et que je le faisais cuire, tu invitais tous ceux qui travaillaient avec nous. Je le découpais de mon mieux mais, évidemment, il n'y avait pas beaucoup pour chacun.

Le soir, sur ton petit réchaud à alcool que j'ai gardé, car il m'évoque tant de souvenirs, tu préparais toi-même un brouet auquel je n'ai jamais pu m'habituer. Au point que j'ai fini par me passer de repas le soir et aujourd'hui encore je dîne rarement. Faute de ressources, tu te contentais

La réalité a dépassé nos rêves les plus fous

de faire bouillir de l'eau avec du sel, un peu d'huile et du pain coupé en morceaux. Tu laissais le tout mijoter, ce qui donnait une espèce de bouillie de mie de pain à l'eau salée, bien peu appétissante ! Mais tu arrivais ainsi à te caler l'estomac et le sel te faisait du bien.

Dans ce contexte, certaines interventions tenaient vraiment du miracle. Je me rappelle un jour où j'étais seule, j'avais soif, j'avais faim. Mais je n'avais plus rien. Ni eau ni nourriture. Un enfant d'une famille voisine s'est alors présenté à la porte de notre cabane. Il m'apportait une carafe d'eau et du pain, sans que je lui aie rien demandé. Des larmes de reconnaissance me sont montées aux yeux. Le Seigneur s'était manifesté ! Je l'ai remercié de m'avoir prodigué cette nourriture bénie.

Quand les chiffonnières faisaient cuire du pain, elles m'en donnaient toujours un, même si elles étaient très pauvres, avec une dizaine d'enfants à nourrir. Un soir où des amis étaient venus nous rendre visite, nous n'avions rien à leur offrir. Tu étais gênée, tu m'as demandé d'aller voir si des voisines pourraient nous dépanner. À la première porte où j'ai frappé, la voisine m'a répondu :

— J'ai fini tout mon pain, mais ne t'inquiète pas, je vais en trouver !

Elle est allée de cabane en cabane et est revenue finalement avec treize pains. Combien de fois avons-nous reçu de telles marques de générosité ! Chaque fois, nous rendions grâces à Dieu qui permettait cela. Ces gens qui n'avaient rien nous donnaient tout. Ce partage de la pauvreté faisait chanter notre cœur car il nous montrait le Christ à l'œuvre parmi nous, dans le bidonville.

Tu allais chaque week-end dans ta congrégation et quand nous nous établîmes au deuxième bidonville du Mokattam en 1981, comme notre maison avait une porte qui fermait, tu me permis de rester seule. Ces jours-là, les chiffonnières venaient à tour de rôle m'apporter une assiette de légumes avec de la viande et du pain. J'étais gênée :
— Je ne peux pas accepter. Vous me donnez la part d'un enfant !
Elles protestaient :
— Nous savons bien que lorsqu'on est seul, on n'a pas envie de cuisiner. C'est ta part, ne t'inquiète pas pour les enfants. Ils ont mangé !

Mimi Tamam,
une rencontre providentielle

Il y eut sur notre chemin les rencontres de personnes bienveillantes qui nous permirent de déve-

La réalité a dépassé nos rêves les plus fous

lopper notre action au-delà de ce que nous avions espéré. J'ai déjà parlé de notre grand ami de toujours, Jean Sage. Mais la Providence divine nous donna d'autres compagnons et compagnes de la première heure, non moins fidèles et indéfectibles.

Deux ans avant que je te rejoigne, dans la ruelle principale du bidonville d'Ezbet-el-Nakhl, tu vis s'avancer dans la chaleur de l'été une jeune femme enceinte. Elle avait presque l'air d'arriver d'une autre planète, tant elle paraissait élégante et jolie dans sa robe à la mode. Égarée au milieu des immondices, elle s'approcha timidement de toi. Elle avait entendu parler de la religieuse des *zabbalin*. Étudiante en dernière année de médecine, issue de la haute bourgeoisie, elle venait t'offrir ses services.

Elle te dit son nom, Mimi Tamam. Tu eus vite fait de la surnommer « Mimi Miracle ». Car, ce jour-là, sa présence sauva la vie à une fillette qui n'aurait sans doute pas survécu longtemps si on n'avait pas compris l'urgence qu'il y avait à lui administrer des antibiotiques. Une septicémie foudroyante aurait fait une victime supplémentaire à mettre au compte de l'excision.

De longues années durant, Mimi nous apporta son assistance bénévole. Elle fut particulièrement précieuse dans l'éducation des femmes à la contraception. Car elle s'était spécialisée en gynécologie.

Nous étions préoccupées par la surnatalité. Tu avais toi-même pris la mesure du problème dès ton arrivée au camp d'Ezbet-el-Nakhl. Un enfant venait au monde tous les dix à douze mois. Comment améliorer cette situation ?

C'était d'autant plus difficile que, en tant que catholique, l'Église romaine t'interdisait de proposer la contraception. Mais tu voyais la souffrance de ces femmes au quotidien. Usées par des grossesses chaque année, à partir de 13 ans, elles avaient une espérance de vie dépassant à peine 34 ans. Elles mettaient au monde une vingtaine d'enfants et elles avaient la douleur d'en voir mourir la moitié.

Quand tu me rencontras, tu fus soulagée d'apprendre que l'Église orthodoxe, quant à elle, encourageait la régulation des naissances, admettant que l'être humain ne contrevient pas au plan de Dieu en contrôlant sa fécondité. D'autant que cela épargne les mères et permet de mieux élever les enfants. En conscience, tu écrivis à Rome pour exposer la situation et demander la permission de distribuer la pilule. Ta lettre resta sans réponse mais tu interprétas ce silence comme une acceptation tacite. Aussi nous commençâmes à procurer des pilules aux femmes.

Il s'avéra très difficile de leur faire comprendre quels jours elles devaient la prendre. Elles nous interrogeaient :

La réalité a dépassé nos rêves les plus fous

— Quand est-ce lundi, mardi... ?

Elles n'avaient aucune idée des jours de la semaine car elles étaient vraiment ignorantes de tout.

Une chiffonnière vint un jour me trouver en colère :

— Je ne veux pas prendre la pilule car ma voisine est tombée enceinte bien qu'elle ait pris régulièrement les comprimés. Et à la naissance du bébé, celui-ci avait dans sa main toutes les pilules de sa mère !

Ces femmes croyaient toutes les absurdités qu'on pouvait leur dire.

Une autre se fâchait car elle avait pris régulièrement la pilule pendant deux ou trois mois, et ensuite elle avait attendu un enfant :

— Pourquoi ai-je des enfants sans arrêt, alors que ma voisine est stérile ? La pilule ne sert à rien. Cela vient du bon Dieu, c'est une grâce d'avoir des enfants ! C'est Dieu qui envoie ce qu'il nous faut pour les élever !

Et celle qui ne pouvait pas avoir d'enfant pensait qu'elle n'en avait pas parce que c'était la volonté de Dieu.

Tu bouillais en entendant tout cela. Comment leur faire prendre conscience du mécanisme de la reproduction ? Tu tentais de leur expliquer le cycle féminin, les périodes de fécondité et tu leur demandais d'éviter les rapports certains jours où, plus que d'autres, elles risquaient une fécondation. Mais tu provoquas ainsi la colère des maris. Ils n'acceptaient pas que tu poses des limites à leur activité sexuelle. Ils se fâchaient aussi quand tu les contredisais.

Quand une de nos voisines mit au monde sa troisième fille, le père cria que c'était la faute de sa femme et se mit à la rouer de coups. Ce n'était pas inhabituel. Après l'accouchement, quand le nouveau-né était une fille, les maris battaient souvent leur femme pour qu'elles ne recommencent pas. Les malheureuses n'avaient même pas le temps de se remettre de leurs douleurs qu'elles subissaient des violences conjugales. Alors tu essayais de calmer les pères en leur expliquant que les chromosomes responsables du sexe du bébé ne dépendent pas de la volonté de la mère. Tu leur faisais de petits croquis au tableau, mais ils ne te croyaient pas. Ils t'en voulaient au contraire car ils imaginaient que tu prenais le parti des femmes.

Une mère de quatre enfants, veuve à 20 ans, venait aider pour les accouchements. Om Fahmy était très belle, avec de grands yeux bleus. Si l'enfant était un garçon, le père lui donnait un peu d'argent. Mais si c'était une fille, elle ne recevait rien. Et comme le mari punissait sa femme en la privant de nourriture, c'était elle qui achetait à la maman de quoi manger. Elle nous a beaucoup aidées dans les cabanes avant la création du dispensaire. Plus tard, lorsqu'elle s'est sentie très malade, elle a envoyé son petit-fils me chercher. Je suis restée à son chevet et j'ai prié avec elle jusqu'à sa mort.

Il y avait d'autres problèmes liés à la pilule dont la doctoresse Mimi Tamam nous avait informées. Car du fait de leur malnutrition, les femmes qui la prenaient risquaient de très mal la tolérer. Nous avons donc suivi ses conseils et pour rendre la contraception possible, une des premières choses demandées à l'Ami Jean fut qu'il apporte des vitamines et des fortifiants.

Tout cela nous faisait comprendre que, pour la nouvelle génération de filles, l'éducation serait l'élément essentiel permettant la maîtrise de la fécondité.

Plus tard, sur les conseils de Mimi, nous avons préféré les stérilets à la pilule. Ils étaient plus efficaces, mais il fallait faire accepter aux maris qu'ils soient posés à leur femme. Et cela nous prit du temps pour les convaincre. En fait, ce ne fut possible qu'à partir du moment où dans le camp des chiffonniers on commença à respecter les femmes.

Deux anecdotes m'ont particulièrement frappée. Elles montrent à quel point les maris méprisaient leurs épouses. La nuit, de notre cabane, on entendait souvent les cris de la voisine que son mari battait sauvagement. Tu es allée discuter avec lui :

— Pourquoi tu bats ta femme, Youssef ?

— Sœur Emmanuelle, tu ne peux pas imaginer. Si nos femmes ne sont pas battues, elles ne comprennent rien.

— Mais je suis une femme, non ?

— Non, toi, tu n'es pas une femme.

— Alors je suis donc un homme ?

— Mais pas du tout !

— Alors je suis quoi ?

— Toi, tu es intelligente !

Quand tu m'as raconté cette conversation, nous avons bien ri. En somme, il y avait trois sexes : les hommes, les femmes et les intelligentes !

Une autre fois, c'était presque plus affligeant. Une voisine avait des bleus sur tout le corps. Tu proposas à son mari :

— Je vais l'emmener au dispensaire et prendre des médicaments pour la soigner.

— Non, laisse-la mourir ! Elle ne mérite pas de vivre, te répondit-il, haineux.

— Mais qui va soigner les enfants, demandas-tu ?

La réalité a dépassé nos rêves les plus fous

— Ne t'inquiète pas, il y a ma mère et mes sœurs.
— Bien. Mais qui va prendre soin et nourrir les cochons ?
— Ah bon, c'est vrai. Alors si c'est ça, tu peux l'emmener et la soigner !

Nous ne supportions plus de voir les femmes ainsi traitées. Quand nos enfants n'avaient pour seul exemple de femme que leur mère esclave ; quand les filles étaient troquées à 10 ou 11 ans contre quelques animaux, pour être mariées à un homme qui pouvait avoir plusieurs dizaines d'années de plus qu'elle ; quand les chiffoniers, après quatorze ou quinze heures de ramassage des ordures, rentraient chez eux après avoir bu de l'alcool rouge pour compenser leurs conditions de travail et que leur seul loisir était de profiter de leur femme, comment pouvait-on parler de considération et de respect, de sexualité maîtrisée ou de contrôle de la fécondité ?

Tout cela vint par l'école.
Le petit garçon, puis l'adolescent, sur les mêmes bancs (au début sur les mêmes cartons) que la petite fille, découvrait que celle-ci était un être humain à part entière, avec des sentiments, des facultés et une intelligence égale. Alors qu'avant ce n'était pour eux qu'une marchandise que l'on achetait pour s'en servir à loisir !

Même la religion ne nous aidait pas. Les prêtres coptes prêchaient le respect de la femme mais n'étaient pas écoutés. Les coutumes étaient les plus fortes. Nous en avons fait nous-mêmes bien des fois l'expérience.

Je me souviens qu'un jour, est arrivée dans notre cabane une femme en pleurs, dont la figure et le corps portaient la trace de coups donnés par son mari, Ghirghiz. Tu avais plusieurs fois discuté avec lui, et tu t'étais aperçue qu'il connaissait des passages des Écritures par cœur. Tu le branchas sur l'épître où saint Paul déclare qu'il faut respecter son épouse, comme le Christ a respecté son Église.

À ta grande surprise, Ghirghiz récita presque par cœur cette épître, alors tu conclus :

— Puisque tu es chrétien, Ghirghiz, puisque tu connais si bien les saintes Écritures, mets-les en pratique et ne bats plus ta femme !

Il ne répondit rien et le lendemain matin, tu m'avouas avoir bien dormi cette nuit-là. Tu étais persuadée que ton intervention allait soulager la femme de Ghirghiz ! Mais moins d'une heure après, nous eûmes la déception de la rencontrer dans la ruelle. Elle avait le visage encore plus amoché que la veille. Son mari avait déduit de ton sermon que sa femme était allée se plaindre et, pour la punir, il l'avait frappée avec encore plus de violence !

La réalité a dépassé nos rêves les plus fous

Alors je t'ai proposé de laisser les Écritures pour toi, et de trouver d'autres moyens pour persuader les hommes de ne pas battre leur femme. Nous avions constaté que si les chiffonniers étaient des maris violents voire cruels, c'était en revanche de très bons papas. J'estimais qu'il valait donc mieux leur expliquer qu'en battant leur femme ils pénalisaient leurs enfants, car la maman, affaiblie, pourrait moins bien s'en occuper. Comme ils voulaient le bonheur de leurs enfants, cet argument pourrait les inciter à changer d'attitude.

Il s'avéra que cette méthode fut plus efficace que la morale.

Le Dr Adel,
envoyé par la Vierge de Zeitoun

Tu as toujours eu une grande dévotion pour la Vierge. C'est Marie que tu m'avais demandé de prier pour toi à l'heure de ta mort et c'est une Vierge à l'Enfant qui était suspendue au pied de ton lit, dans les dernières années de ta vie, quand tu étais alitée. Chaque fois que je venais te voir dans ta maison de retraite, je m'asseyais près de toi et, au début des prières que nous partagions, tu regardais la Vierge. Ton visage s'éclairait alors d'une lumière qui n'était pas de ce monde.

À l'époque du bidonville, tu aimais aller prier la Vierge dans l'église copte orthodoxe de Zeitoun, où elle apparut pour la première fois le 2 avril 1968, au cœur d'un quartier populaire. Une équipe d'ouvriers de l'organisme général des transports travaillait alors dans la rue de l'église, lorsqu'ils aperçurent une jeune fille à genoux, penchée sur la principale coupole de l'édifice. Ils crurent qu'elle voulait se suicider et appelèrent les pompiers, avant de se précipiter à son secours. Comme ils approchaient, ils la virent se redresser tandis que des lumières surnaturelles émanaient de son corps. Ils comprirent qu'ils assistaient à une apparition et les semaines suivantes, le soir ou bien à l'aube, des milliers de personnes de toutes les confessions virent la Vierge de leurs yeux. Elle rayonnait plusieurs heures durant dans un halo de lumière.

Ses manifestations furent accompagnées de pluies de fleurs et de parfums d'encens. Des photographes et les médias du monde entier s'emparèrent de l'histoire. Sa Sainteté Schenouda III, patriarche de l'Église copte orthodoxe, rappela à cette occasion que l'Égypte est une terre bénie depuis les commencements de l'ère chrétienne car elle fut le refuge de la Sainte Famille, menacée par le décret du roi Hérode. Or les apparitions avaient lieu au bord d'une route qu'auraient empruntée Marie, Joseph et l'Enfant Jésus avant d'arriver dans le vieux Caire d'aujourd'hui et de continuer vers la Haute-Égypte.

La réalité a dépassé nos rêves les plus fous

Tu aimais te recueillir dans la petite chapelle de la Vierge, construite sur le modèle de la fameuse église Agia Sophia d'Istanbul. Tu allais te reposer à l'ombre des figuiers, des palmiers et des sycomores, dans son jardin agrémenté de buissons de roses. À l'intérieur, sous les icônes de la Vierge, saint Marc et saint Michel, tu t'appliquais aux *métanies*, ces prosternations à la manière copte, que nous effectuons en signe d'humilité pour accompagner nos prières.

Un dimanche de printemps, Adel Abdel Malek Ghali, jeune assistant à la clinique d'Héliopolis, une banlieue chic de la capitale, t'aperçut prosternée, le front contre le sol. Il fut touché par ta dévotion en ces lieux où il avait vu plusieurs apparitions de la très sainte Vierge. Adel ne te connaissait pas, mais sa sœur qui l'accompagnait avait entendu parler de toi, la religieuse des *zabbalin*. Elle expliqua à son frère qui tu étais.

À quelque temps de là, le jeune médecin vit en rêve la Vierge au-dessus du bidonville. Sa forme lumineuse s'effaça peu à peu, laissant apparaître la religieuse française qui priait, prosternée. Puis Marie leva la tête et te regarda tandis qu'une voix se faisait entendre :

— Adel, tu veux soigner les pauvres ? Voici le chemin…

Adel se réveilla sans comprendre. Quand il se rendit à l'église de Zeitoun le dimanche suivant, à la sortie de la messe, tu étais là. Et dans un mouvement de foule, vous vous êtes retrouvés l'un en face de l'autre. Adel stupéfait reconnut, en te voyant, le visage qui lui était apparu en songe. Il me dit t'avoir appelée par ton nom. Mais, décontenancé par l'émotion, il ne sut trouver ses mots. Il bredouilla :

— Sœur Emmanuelle, je voudrais vous voir...

— Eh bien, c'est fait, tu m'as vue, répondis-tu de ta voix haut perchée, légèrement agacée.

— Excusez-moi, ma sœur, reprit Adel. Je me suis mal exprimé, je voudrais vous parler.

Quand Adel t'apprit qu'il était médecin, tu ne cachas pas ta joie :

— C'est la Vierge qui t'envoie, Adel ! Tu ne peux pas imaginer à quel point nous avons besoin de toi.

L'engagement et le dévouement du Dr Adel étaient sans réserve. Il s'adapta à notre situation sur le terrain et ne renonça pas devant la précarité de notre premier dispensaire – si l'on peut dire !

C'était une cabane de planches où vivait une bufflesse, qu'on appelle *gamouse* en Égypte. Je la faisais sortir puis nettoyais l'enclos où le Dr Adel venait chaque matin donner des consultations et des soins.

Plus tard, avec l'aide de l'ambassade du Canada, nous construisîmes notre premier *vrai* dispensaire.

La réalité a dépassé nos rêves les plus fous

Une amie belge, Sabine, artiste peintre, passa plusieurs jours parmi nous pour peindre sur les murs des règles d'hygiène élémentaires, au moyen de dessins très explicites pour les mamans illettrées.

Quand les médecins de sa clinique apprirent que le Dr Adel était devenu le docteur des *zabbalin*, ses confrères le mirent en demeure de choisir : c'était la clinique ou le bidonville. Adel chancela. L'avenir brillant de médecin qu'on lui prédisait était compromis. Pouvait-il y renoncer ?

Il pria un soir la Vierge qui l'avait mis sur ton chemin et lui demanda un signe. Comme il se réveillait au lendemain de cette nuit de doutes, il entendit des coups vigoureux frappés à sa porte. C'était toi, Emmanuelle, qui l'appelais dans l'urgence. Un incendie avait fait des dizaines de blessés dans les cabanes. Adel te suggéra d'envoyer les brûlés à l'hôpital. Mais tu répondis qu'ils n'avaient pas les moyens de s'y faire soigner et qu'il ne fallait pas perdre de temps. D'un ton qui n'admettait pas la réplique, tu exigeas qu'il te suive sur-le-champ.

Adel interpréta ta visite comme un signe de la Vierge.

Le signe qu'il attendait.

Ce furent les prémices de son dévouement auprès de toi qui n'a jamais failli.

Le miracle du cabinet dentaire

Le Dr Adel était très sensible au dénuement des chiffonniers. Il me dit aussi avoir été bouleversé par l'énergie que tu mettais à vouloir les sauver. Il était non seulement très compétent, mais aussi très généreux de son temps avec les malades. Il leur prodiguait ses conseils quand il les recevait au dispensaire, où il leur donnait lui-même les médicaments nécessaires – nous en reçûmes bientôt de grandes quantités, en provenance d'Allemagne et de France, ce qui nous a permis de bien soigner les patients.

Très vite, Adel nous signala que les nombreux problèmes d'estomac des chiffonniers étaient provoqués par leurs mauvaises dents. Tu décidas aussitôt de te lancer dans l'installation d'un cabinet dentaire. Ce projet me semblait audacieux, compte tenu de nos moyens. Mais avec ton optimisme habituel, tu me dis :

— Sara de mon cœur, ne te tracasse pas ! L'Ami Jean arrive bientôt. Nous allons lui en parler et, comme à son habitude, il va trouver une solution. Grâce à ses amis, il réunira l'argent nécessaire et nous apportera tout ce dont nous avons besoin ; il me l'a promis en 1974 et depuis il a toujours relevé nos défis !

La réalité a dépassé nos rêves les plus fous

Tu entrepris de chercher un dentiste qui accepterait de venir soigner bénévolement au bidonville et tu ne tardas pas à rencontrer une spécialiste. Mais elle te prévint :

— Je veux bien venir chez vos chiffonniers, seulement il faut trouver le matériel nécessaire.

Qu'à cela ne tienne ! Tu lui demandas de faire la liste de l'équipement de base indispensable. Et sans attendre la visite de l'Ami Jean, tu lui envoyas ce document, en écrivant en rouge et en capitales : URGENT. CABINET DENTAIRE AVEC MATÉRIEL CORRESPONDANT.

Jean Sage te répondit par retour :

— D'accord, sœur Emmanuelle. Un de mes anciens élèves, Jean-Guy, vient d'ouvrir son cabinet, il va me trouver l'équipement nécessaire et je vous l'apporterai au prochain voyage.

C'est ainsi que tout le cabinet dentaire arriva au bout de trois mois dans des valises de touristes ! Les membres dévoués d'Opération Orange s'étaient mobilisés pour répondre à ta demande. On installa le fauteuil, la fraise et tous les instruments au dispensaire où les gens purent soigner leurs dents.

Ce cabinet dentaire miraculeux continue de fonctionner !

L'avenir s'ouvre
devant nos enfants

Je t'ai dit bien souvent :

— Sœur Emmanuelle, tu m'as trompée. Tu m'avais appelée pour un jardin d'enfants et tu me donnes toutes ces responsabilités !

Toi-même, tu ne t'attendais pas aux incroyables développements qui suivirent ton installation au bidonville de La Palmeraie. C'était inespéré au début, quand tu t'es immergée dans cet océan de souffrances. Mais tu rappelais toujours que l'élément déclencheur avait été la mort de Baazak. Car elle t'avait poussée à partir sur les routes du monde où tu avais collecté les premiers milliers de dollars, motivé des hommes d'affaires et des politiques, puis intéressé les médias et une foule de donateurs anonymes à ton aventure.

Grâce aux premiers fonds récoltés, grâce à l'aide bénévole de plusieurs jeunes d'Europe, de 1979 à 1982, le centre Salam (« la Paix ») voit le jour à Ezbet-el-Nakhl. Nous l'installons par étapes, selon les disponibilités financières. Dans ce lieu dédié à la promotion des chiffonniers et géré par la congrégation des Filles de Marie, tu établis avec ma collaboration un dispensaire prodiguant des soins à plusieurs centaines de malades

La réalité a dépassé nos rêves les plus fous

chaque semaine, et une maternité pour permettre les accouchements dans de meilleures conditions d'hygiène.

Un jardin d'enfants et une école accueillent bientôt trois cents élèves. Quels progrès réalisés depuis l'époque où nous visitions les familles pour persuader les parents de mettre leurs enfants à l'école, sans voir arriver plus de douze petits au jardin d'enfants !

Un jour, nous avons même essuyé la colère d'un père furieux qui est venu nous insulter. Son fils était à l'école depuis un jour seulement et il lui avait donné un journal à lire. Bien sûr l'enfant n'y était pas arrivé et le père en avait conclu :

— Ça ne sert à rien qu'il vienne à l'école, puisqu'au bout d'un jour il ne sait toujours pas lire !

Il faut tout apprendre à ces enfants. Ils découvrent des salles de classe propres et neuves, comme ils n'en ont jamais vu, avec des tables, des chaises et des fournitures scolaires. J'ai accroché aux fenêtres des rideaux coupés dans un tissu avec des motifs très gais. Mais quand les enfants entrent dans la salle, ils se mouchent aux rideaux, croyant qu'ils sont prévus à cet usage ! Ils ne savent pas ce que sont des rideaux.

Quand ils vont aux toilettes, ils hurlent car ils ont peur de tomber dans le trou. Ils ne sont jamais sortis de leur bidonville, ils n'ont jamais vu de W-C. C'est donc un véritable apprentissage de la vie civilisée que nous décidons de commencer à partir du jardin d'enfants.

Afin que nos élèves soient propres, nous nous installons à l'entrée de l'école avec des cuvettes d'eau et des serviettes pour les débarbouiller. Nous débroussaillons leurs tignasses ébouriffées et leur coupons les ongles. Quand ils sont vraiment trop sales, nous les refusons. C'est dur, mais nécessaire pour qu'ils comprennent. Et ça marche. Le lendemain, ils arrivent à peu près propres. Nous constatons combien ces enfants ont envie d'aller à l'école. Malgré les heures de tri des ordures après l'école, malgré le manque d'eau, ils se débrouillent pour se présenter de plus en plus propres. C'est ainsi que petit à petit nous leur inculquons les notions élémentaires d'hygiène et nous sommes récompensées par leurs progrès, par la fierté des mamans qui les accompagnent et sont si heureuses qu'elles ne veulent plus quitter la cour de l'école.

Il faut aussi lutter contre la violence. Je me rappelle deux garçons qui se bagarraient. L'un brandissait un couteau qu'il voulait planter dans le ventre de son copain. Je me suis approchée doucement sans qu'il me voie, j'ai pris le couteau :

La réalité a dépassé nos rêves les plus fous

— Pourquoi tu fais ça ?
— Papa, quand il se bagarre, il prend bien un couteau !
J'ai planté le couteau doucement dans la main du garçon qui voulait poignarder l'autre :
— Ça fait mal ?
— Oh, oui !
— Alors pourquoi tu fais ça ?
— Parce que papa le fait quand il est en colère.
Ces enfants n'avaient comme modèles que leurs parents violents et ignorants. Il fallait leur donner une véritable éducation.

Nous avons aussi organisé un ouvroir pour apprendre la couture aux filles. Cette initiative s'inscrivait dans notre œuvre de promotion de la femme, décisive à nos yeux. Quand on a réussi à persuader les parents de ne pas marier leurs filles à l'âge de 10 ans, elles nous ont remerciées en pleurant de reconnaissance :
— Quelle chance d'avoir eu sœur Emmanuelle et sœur Sara ! C'est ce que vous avez fait de mieux pour nous !
On ne pouvait faire reculer des coutumes barbares comme l'excision que par l'éducation. Et de fait les mamans instruites dans nos lycées s'opposèrent de plus en plus à ce que leurs filles soient mutilées. Leurs maris apprirent à les respecter et ils acceptèrent leur décision. Le progrès est là,

chez les musulmans comme les chrétiens, car ces coutumes touchent les deux communautés.

Une ancienne élève ayant fait des études à l'université avait accouché à la clinique. Quand je suis allée la voir, elle m'a dit :

— Je dois te remercier d'avoir persuadé mes parents de ne pas m'exciser, car je suis heureuse d'être une femme normale.

À nos débuts, les petites filles étaient mariées entre 10 et 12 ans. Il a été difficile de changer les choses dans les premières années, mais avec l'école nous avons pu garder les filles jusqu'à 18 ans. Quelle victoire de les voir aller à l'université, se marier vers 22 ans en ayant choisi leur époux ! Désormais, elles maîtrisent leur fécondité et ne mettent plus au monde que deux ou trois enfants.

À l'attention des femmes, le centre Salam a aussi développé un service d'accueil pour les mères célibataires. Souvent enceintes à la suite de viols, elles étaient tuées par leur famille. Nous leur avons donné la possibilité d'échapper à ce sort injuste et d'apprendre un métier qui leur permet de vivre et faire vivre leur enfant.

Enfin, nous avons ouvert un centre de formation professionnelle pour les jeunes gens qui comporte plusieurs sections, menuiserie, plomberie, soudure, mécanique et électricité, et un

La réalité a dépassé nos rêves les plus fous

club de loisirs, proposant des activités culturelles et sportives.
La promotion des *zabbalin* est en marche.

Pour développer autant d'activités, nous devions nous entourer de collaborateurs qualifiés : monitrices, enseignants, techniciens, animateurs sportifs et infirmières. Nous les engagions et les rétribuions aussi avec les dons reçus d'amis nombreux et efficaces, regroupés en associations comme l'Opération Orange, particulièrement motivée autour de l'Ami Jean, avec des relais dans diverses régions de France.

D'autres sœurs de ma congrégation des Filles de Marie nous rejoignirent au centre Salam dont elles prirent en charge, sous ma direction, les multiples activités. Elles se sont installées dans une maison où j'ai voulu planter des fleurs pour montrer aux enfants nés au bidonville qu'il y avait autre chose que les tas d'ordures.

Ensemble, nous organisions des excursions. Lors des promenades au bord du Nil, nos jeunes élèves s'émerveillaient devant l'eau « qui bouge ». Au jardin zoologique, ils écarquillaient les yeux en découvrant des animaux inconnus. Avec les professeurs, d'autres sorties permettaient aux enfants de connaître leur pays, de voir qu'il existe de belles choses, en un mot de se cultiver. Suivant le programme de chaque classe, pendant l'année scolaire, on proposait pour les différents niveaux les visites du musée, de la bibliothèque, des Pyramides, du sphinx et de Saqqarah.

Enfin, les petits chiffonniers découvraient le monde, au-delà des immondices. Leur libération que tu avais si ardemment souhaitée était en route ! L'avenir barré par la pauvreté s'ouvrait grand devant eux.

La Maison du Bonheur

La joie des enfants est notre joie.

Tu me dis, un soir où nous ne dormions pas car notre cœur était en liesse d'avoir semé autant de bonheur autour de nous :

— Sara, pourquoi nos enfants n'auraient-ils pas, eux aussi, des vacances ? Pourquoi pas des vacances pour leurs mamans et leurs papas ? Est-ce qu'ils ne le méritent pas ?

L'occasion rêvée se présente plus tôt que prévu. En 1983, nous recevons la visite d'un ami hollandais, M. Vim, un vétérinaire. Il nous demande si nous avons une maison de vacances pour les enfants. Nous lui répondons que ce n'est pas le cas mais que nous organisons des sorties.

La réalité a dépassé nos rêves les plus fous

— J'ai une proposition à vous faire, nous dit-il. Pouvez-vous venir me voir près de chez moi du côté du Delta, nous en discuterons ?

Avec une vingtaine d'enfants, nous sommes allées chez lui. Il nous avait préparé des poissons pour le déjeuner, dans un restaurant en pleine campagne, près d'Alexandrie. Dans le pré voisin où paissaient des vaches, il a montré à nos jeunes un appareil à traire et nous a donné deux bidons de lait. Puis il a proposé de nous acheter une maison pour les vacances.

Tu explosas de joie à cette proposition et nous voilà parties à la recherche d'un endroit qui conviendrait pour accueillir une centaine d'enfants. Il se trouve qu'un prêtre d'Ismaïlia nous avait fait connaître des amis qui voulaient vendre une maison au bord du « lac des crocodiles », le plus au nord des lacs Amer qui communiquent avec la mer Rouge.

M. Vim nous offrit l'argent nécessaire et nous sommes devenues propriétaires de la maison, que nous avons sommairement meublée. Notre principal investissement fut cinquante petits matelas pour pouvoir faire dormir les enfants. On recevait vingt-cinq garçons au rez-de-chaussée et vingt-cinq filles avec nous, à l'étage.

La première fois que nous avons emmené deux bus pleins d'enfants, ils étaient émerveillés de voir l'eau, le sable et posaient mille questions :

— Comment fait l'eau pour ne pas déborder ?

Ils voulaient boire de cette eau et quand ils l'ont goûtée et se sont rendu compte qu'elle était salée, ils ont cru que c'était moi qui mettais du sel. D'abord je ne compris pas leur question :

— Combien de kilos de sel mets-tu chaque jour ?

Puis je réalisai et j'éclatai de rire.

— Comment vivent les poissons ? demandaient-ils aussi, très curieux de découvrir la vie sous-marine. Est-ce qu'ils n'ont pas froid dans l'eau ? Qu'est-ce qu'ils mangent ?

En partant, les enfants remplissaient des bouteilles avec l'eau du lac en disant :

— C'est de l'eau bénite, il faut en rapporter à notre famille !

Nous n'avions pas beaucoup d'argent pour les nourrir et les repas étaient modestes. Le matin, au petit déjeuner, nous leur servions un peu de pain et une boulette de *foul*. À midi, de nouveau du pain et des *foul* avec un œuf et le soir encore le pain et les *foul* mais, cette fois, avec du fromage. C'était peu, mais les enfants étaient contents.

Il fallait faire la discipline car ils étaient très agités, ils jouaient dans l'eau et s'éclaboussaient. Pour la première fois depuis la noyade de ton

La réalité a dépassé nos rêves les plus fous

père, à 70 ans passés, tu décidas de te baigner et tu appris aux enfants à nager. Dans l'eau, avec notre blouse, nous aimions nous mêler à ces nuées d'enfants éclatants de joie. De ces jours heureux datent les photos où l'on te voit flotter sur les eaux claires du lac. Certains t'ont reproché ce bonheur innocent.

Mais comment t'en vouloir d'arracher à un sort misérable des milliers d'enfants pour leur donner l'occasion de s'épanouir grâce à des plaisirs sains et bienfaisants ?

Pendant huit ans, nous avons pu offrir des vacances à de petits groupes d'enfants qui se succédaient. Un jour, est arrivée une lettre de l'abbé Robert Ferry, aumônier des Pionniers de Lorraine, les scouts de Metz. Il voulait organiser un camp d'été avec nos jeunes et tu as trouvé l'idée excellente. Je t'ai fait remarquer qu'on n'avait pas assez de place pour loger tout le monde. Comme tu n'étais jamais à court d'idées, tu as suggéré d'acheter trois tentes que l'on planterait dans un terrain vague à côté de la maison. Les scouts étaient ravis de partager leur temps avec nous, entre les baignades et les petits travaux de rénovation qu'ils effectuaient. Mais voilà que nous avons eu la visite de la propriétaire du terrain qui est venue nous faire des reproches :

— Qu'est-ce que vous faites ici, vous n'avez pas honte de planter des tentes sur un terrain qui ne vous appartient pas ?

Quel ne fut pas notre étonnement ! Nous n'avions jamais vu cette personne et son terrain n'était ni délimité ni entretenu. L'été, les Cairotes fuyaient la chaleur de la capitale pour venir y pique-niquer, en profitant de la fraîcheur du lac. Mais la propriétaire devint très vite menaçante :

— Si vous ne m'apportez pas deux cents livres cet après-midi, j'appelle la police.

Après son départ, l'abbé Ferry a proposé d'arranger les choses :

— J'ai les deux cents livres, allons voir la propriétaire pour lui donner satisfaction.

Nous lui avons alors expliqué ce que nous faisions pour les enfants. Son cœur a été touché. Elle a accepté cent livres pour la location et laissé les autres pour les enfants. Quand nous sommes rentrés, l'abbé Ferry t'a proposé d'acheter ce terrain que nous ne pouvions pas financer car nous avions d'autres priorités. Pour en avoir le cœur net, l'abbé a mesuré le terrain et nous sommes allées ensemble parler de notre projet à la propriétaire. Elle a fixé le prix d'achat à cent quatre-vingt mille livres égyptiennes.

C'était une somme énorme. Je m'inquiétai :

— Emmanuelle, on ne peut pas acheter cette propriété ! On n'a pas d'argent, c'est une folie !

La réalité a dépassé nos rêves les plus fous

Mais l'abbé Ferry était confiant :

— Quand je rentrerai en France je parlerai aux fidèles de mon église, ils trouveront cette somme et je vous l'enverrai. En attendant, empruntez un peu d'argent.

Je me faisais de plus en plus de souci et te conseillai de ne pas donner suite. Mais tu ne partageais pas mes doutes. Tu étais enthousiaste. Je sentais que je ne pourrais pas te convaincre. Tu as persuadé un ami de nous prêter vingt mille livres. Avec cette avance, un avocat a préparé un premier contrat que la propriétaire a signé. Et deux mois après, l'abbé Ferry nous a envoyé le reste. C'est ainsi que nous avons pu considérablement nous agrandir.

Ensuite, l'association autrichienne des Amis de sœur Emmanuelle a proposé de surélever d'un étage la Maison du Bonheur. Un architecte a fait les plans qui nous ont donné satisfaction. En trois mois, grâce à l'aide reçue, les travaux ont été terminés. Nous avions désormais une capacité d'accueil de cent cinquante personnes. Ton optimisme avait eu raison de mes doutes et je n'oublierai jamais la générosité de l'abbé Ferry qui donna tant de joie à nos enfants.

Dans cette maison de vacances, nous avions l'idée de regrouper aussi les parents. Nous fîmes une première tentative qui se révéla invivable.

Parce que sans arrêt, les maris demandaient quelque chose à leurs femmes : il faut faire ceci, j'ai besoin de cela. Si un enfant pleurait, l'homme injuriait sa femme. Les femmes étaient malheureuses, étouffées. Devant cette situation, on a pris la décision de séparer les couples. Pendant une semaine, les femmes venaient avec les tout-petits et les filles. La semaine suivante, c'était le tour des hommes accompagnés des plus grands. Ils nous suppliaient de mettre leurs femmes dans un dortoir à côté du nôtre, afin de les surveiller. Mais on a trouvé toutes les bonnes raisons de ne pas le faire.

Quand les femmes rentraient au bidonville après les vacances, et que nous leur demandions ce qu'elles avaient préféré, elles faisaient toutes quasiment la même réponse :

— L'eau, le soleil, les fleurs, la nourriture, c'était parfait. Mais le mieux, ce fut d'avoir une semaine de tranquillité, surtout la nuit !

Dix ans après, des amis égyptiens, qui avaient apprécié la qualité de notre travail avec les enfants, nous ont offert une deuxième maison, voisine de la première. Parmi ces amis, mes frères et sœurs ont été très généreux !

Quatre ans plus tard, ils nous ont offert encore une nouvelle maison. Actuellement, on peut recevoir à la Maison du Bonheur jusqu'à six cents personnes pendant la journée et en coucher trois cent cinquante la nuit. Le plus extraordinaire est la joie des enfants qui font la fête chaque soir et organisent un grand événement le jour de leur départ.

Nous avons été si heureuses de permettre à nos enfants de connaître et d'aimer la nature ! La plupart n'avaient jamais vu de fleurs, d'oiseaux ou de poissons. Ils nous disaient que cette maison ressemblait au paradis !

De La Palmeraie au Mokattam et à Meadi Tora

Je me souviens de nos premières années et j'ai toujours autant de mal à croire ce qui nous est arrivé. Comme si tous nos rêves pouvaient se réaliser. Comme si rien ne nous était refusé. Chaque nouveau projet, nous l'avons confié au Seigneur. Et l'aide arrivait. Les personnes se présentaient pour nous permettre de le mener à son terme. Je ne dirais pas que c'était simple, ni facile, ni instantané, mais c'était possible. Et extraordinaire.

Au fil des ans, l'école s'était ouverte à de jeunes élèves de plus en plus nombreux, déjà plus propres et mieux habillés grâce aux vêtements confectionnés dans notre ouvroir et achetés pour une somme modique. En même temps, le centre de formation professionnelle fonctionnait et nos jeunes étaient heureux d'apprendre un métier manuel. Ils redressaient la tête avec fierté. L'avenir que nous avions rêvé pour eux était à portée de main.

Alors d'autres chiffonniers, qui avaient entendu parler de notre centre Salam, se dirent que nous pourrions aussi leur construire l'équivalent. Ils vivaient à une quinzaine de kilomètres seulement d'Ezbet-el-Nakhl, sur les rochers brûlants d'une vieille carrière dont furent extraits les blocs des Pyramides. Ce quartier du Mokattam s'étire en hauteur sur le flanc de la montagne et s'agrippe aux falaises. On y respire un air d'autant plus suffocant qu'il est chargé de particules de sable venant du désert proche. Rien à l'horizon, sinon des cabanes, s'échelonnant à perte de vue. Pas d'eau ou si peu, car elle arrive du Caire dans des citernes rouillées, tirées par des ânes que conduisent des enfants.

Nous sommes en 1981 et voici qu'une délégation d'environ quarante chiffonniers de cet immense bidonville de douze mille âmes vient faire appel à nous. C'est dix ans après ton installation à La Palmeraie, où tu as transformé les conditions de vie des habitants. Tu as 73 ans. L'âge de la retraite est pour toi largement dépassé. Mais je ne t'ai jamais vue raisonner en

La réalité a dépassé nos rêves les plus fous

fonction de ton confort, de tes aises ou de ton repos.

En visite au Mokattam, nous avons croisé dans les ruelles gorgées d'immondices un nombre impressionnant d'enfants sales, déguenillés, traînant pieds nus dans les ordures, entourés de nuées de mouches. Parmi les poules, les cochons et les chèvres, femmes et filles triaient à longueur de journée les ordures dans une misérable cabane qui leur servait d'habitation. Leurs conditions de vie étaient effroyables, dans une puanteur qui nous prenait à la gorge.

Nous revivions nos débuts à La Palmeraie. Nous avons décidé de répondre à leur appel. Cette fois, ce n'était pas toi qui faisais le premier pas. Mais les chiffonniers qui te suppliaient de les rejoindre car ils avaient foi en ta capacité de les sauver.

Nous voilà installées dans une cabane au milieu du bidonville, à l'emplacement de ce qui est devenu maintenant la maison de la communauté. Fortes de l'expérience vécue à La Palmeraie, nous recommençons à zéro. Pleines d'espoir, confiantes en notre Seigneur, nous nous mettons au service des enfants hirsutes et sales, de leurs grands frères pas toujours recommandables, de leurs parents qui n'ont connu qu'une vie très dure et veulent un autre destin pour leurs petits.

Nous n'abandonnons pas pour autant le centre Salam, confié en autogestion aux Filles de Marie.

Au bidonville du Mokattam, nous retrouvons les mêmes urgences qu'à La Palmeraie. Il faut scolariser. Soigner et éduquer à l'hygiène. Au Mokattam, comme il y a dix ans à Ezbet-el-Nakhl, il est essentiel d'enrayer la mortalité infantile, si importante et si douloureuse, quand elle est provoquée par le tétanos. Jusqu'à 40 % des bébés en meurent ! Nous entreprenons une campagne de vaccination systématique. Des laboratoires alertés nous envoient le vaccin sauveur. Et victoire ! À partir de 1990, on ne meurt plus du tétanos !

À travers le développement du Mokattam, je comprends mieux ton histoire dont je n'avais pas partagé les débuts. Et j'admire d'autant plus ton dévouement, ton acharnement. Ce trop-plein d'amour que tu as déversé sur les *zabbalin*. Sans cette surabondance de ton cœur totalement donné, ils en seraient restés au stade où je trouve les chiffonniers du Mokattam. Car nous revivons les mêmes étapes. Mais nous avons maintenant un savoir-faire et des bénévoles, des associations qui nous aident.

Tout va plus vite. Le terrain une fois acheté, on démarre les constructions du centre scolaire :

La réalité a dépassé nos rêves les plus fous

un rez-de-chaussée avec cinq classes, puis sept à l'étage. Un artiste peintre suisse, André Sugnaux, accompagné de ses étudiants, nous offre la décoration des façades intérieures. Après s'être concerté avec nous, il choisit des fresques représentant des scènes de l'Égypte pharaonique pour faire découvrir aux jeunes la grandeur de la civilisation égyptienne.

À partir de 1986, soit cinq ans après notre arrivée, nous construisons les premiers logements « en dur ». Les maisons sont simples. On sépare les porcs et les ordures de l'habitation ; une grande pièce, un toit imperméable et le luxe de vraies toilettes dont on apprend à se servir. Des volontaires, sympathiques et courageux, arrivent de France, de Belgique, d'Italie, de Suisse, d'Allemagne pour donner le « coup de main » magique et un millier de logements sont vite prêts et occupés.

En 1987 démarre l'usine à compost. Elle transforme en engrais fertilisant les ordures non recyclables, qui faisaient les délices des rats et autres vermines, cause de mort pour tant de bébés ! L'engrais fabriqué est le meilleur offert sur le marché ; il remplace l'engrais chimique, ô combien avantageusement !

Tu exultes. « Les germes de mort sont devenus des germes de vie. » Cette formule résume toute ton action, toute ta philosophie. Donner la vie, créer les conditions de la vie, là où étaient réunies les conditions de la mort.

Quelle est la source qui fait jaillir la vie ?

Elle n'est autre que l'amour.

C'est ce que tu vis. Ce que nous vivons dans cette extraordinaire aventure qui nous lie depuis maintenant plus de dix ans.

En 1987, nous voyons arriver des *zabbalin* d'un troisième camp d'infortune, celui de Meadi Tora.

Et la même histoire merveilleuse recommence. Nous redonnons l'espoir, nous redonnons la vie à des milliers de personnes déshéritées.

Au fur et à mesure que notre œuvre se développe et se diversifie, j'assume de plus en plus de responsabilités. Me voici à la tête de dizaines d'activités, avec le concours de vingt-sept religieuses des Filles de Marie et d'un personnel de trois cents salariés. Il faut organiser notre action qui s'est amplifiée dans des proportions que nous ne pouvions imaginer. Pendant que je travaille sur le terrain, tu parcours le monde pour porter notre message et recueillir des fonds. Tu sais que, sur place, je prends les bonnes décisions et fais avancer nos projets.

Notre bilan est impressionnant. L'œuvre accomplie dépasse l'entendement. Notre chantier n'est pas moins colossal que celui de nos pha-

La réalité a dépassé nos rêves les plus fous

raons d'autrefois ! Il défie l'imagination. Encore aujourd'hui, je suis toujours étonnée des résultats obtenus. Jamais nous n'aurions pensé réussir à changer les mentalités aussi vite que les conditions de vie. Il est très émouvant pour moi d'évoquer ces années où nous partagions tout, difficultés, échecs et réussites. J'en ai les larmes aux yeux. Ce furent des années exaltantes et si enrichissantes !

On te prit d'ailleurs à tes débuts pour une excentrique. Tes amis cairotes te mettaient en garde :

— Sœur Emmanuelle, ils vont vous tuer. Ce sont des criminels, des vendeurs de haschich.

Tu leur répondais de cette petite voix fluette mais déterminée qui n'appartient qu'à toi :

— Je suis célibataire, religieuse, sans enfant, je ne risque rien. Qu'on me tue !

Les mauvaises langues ne te donnaient pas un mois pour rentrer dans ta communauté. Je ne partage pas mais je comprends ce point de vue. Rappelons-nous qu'au départ tu n'avais que dix dollars par mois, et moi, à peine sept livres égyptiennes. C'est comme si les effets de notre action avaient été démultipliés !

C'est pourquoi ensemble, avec l'Ami Jean et d'autres, nous avons dit bien souvent que « la réalité a dépassé nos rêves les plus fous » !

Détresse au Soudan

Ta personnalité et l'impact de ce que tu as accompli dépassèrent les frontières de l'Égypte à partir de 1980. Tu fus invitée à donner des conférences dans le monde entier et en 1985, ce ne sont plus seulement les chiffonniers du Caire mais des Soudanais qui nous appellent à leur secours depuis leur pays, meurtri par des luttes fratricides entre le Nord et le Sud. Nous ne nous sentons pas le cœur de repousser cette demande et, après avoir prié, notre décision est prise. Nous partirons ensemble pour Khartoum et tenterons d'organiser une aide destinée aux enfants des rues qui affluent dans la capitale. Ce sont leurs mères qui les poussent à partir. Par désespoir, elles les mettent sur la route vers la grande ville où ils auront peut-être une chance de survivre. Elles leur disent adieu en leur donnant comme viatique les dernières provisions de la famille.

Je me souviens de cette vision apocalyptique qui nous fit mal, alors que nous étions à peine arrivées à Khartoum. Des enfants squelettiques gisaient sur les trottoirs. Certains avaient rassemblé leurs dernières forces pour gravir la palissade des jardins de l'ambassade de France. Ils avaient subi

La réalité a dépassé nos rêves les plus fous

la faim, la soif et les mauvais traitements depuis des mois. On le voyait au premier regard. C'était insoutenable. La vie paraissait si fragile en eux ! Ils étaient consumés par trop de souffrance. Nous communiquions difficilement avec ces filles et ces garçons de 7 à 15 ans, car ils parlaient un dialecte inconnu.

La nuit, ils s'enroulaient dans de vieux journaux pour se protéger du froid et dormaient sur les trottoirs. Un matin, je découvris avec horreur un enfant qui baignait dans son sang, enveloppé dans ses habits de papier. Il avait été déchiqueté par la machine qui nettoyait les trottoirs de ce quartier chic.

C'est la rencontre avec un diacre, Kamal, qui va nous permettre d'organiser une logistique solide pour venir en aide aux enfants des rues de Khartoum. Kamal tenait un magasin de pièces détachées pour voitures dans la capitale et il tentait de secourir les enfants avec son épouse, Madeleine, en les hébergeant et en leur offrant de la nourriture. Cet homme d'une générosité à toute épreuve mit en place un système de prise en charge des enfants réfugiés du Sud dans des familles bénévoles qui les nourrissaient, les soignaient et leur apprenaient à lire.

Air France nous procura des billets d'avion gratuits qui nous permettaient de revenir sur place tous les trois mois pour intensifier notre action, faire des bilans et préparer la suite des opérations. L'Ami Jean, toujours présent dans les moments difficiles, avait lancé un appel pour le Soudan et récoltait des fonds. Nous constations de grands progrès à chaque voyage. Il devint possible de regrouper les enfants dans des écoles de roseaux, ou *rakouba*[1]. Ces structures aérées étaient peu onéreuses à construire et nous les édifions suffisamment larges pour qu'elles puissent accueillir une centaine d'élèves par classe. Aucun n'avait de bureau individuel. Ils s'asseyaient à quatre ou cinq à des bureaux à deux places. D'autres étaient sur des bancs ou bien par terre.

L'avantage des *rakouba* est qu'elles étaient faciles à déplacer, car le gouvernement soudanais voulait créer des routes autour de Khartoum. Curieusement leur tracé passait souvent au milieu d'une *rakouba*. Prévenus à temps, nos amis soudanais pouvaient, avant l'arrivée des bulldozers, démonter et remonter de nuit la *rakouba* deux cents ou trois cents mètres plus loin.

Nous disposions à l'époque d'un franc par jour – aujourd'hui, c'est un euro par semaine – pour instruire et nourrir nos protégés, d'où le bol de fèves cinq jours par semaine. Au cours d'un voyage

---

1. Mot arabe signifiant « roseau ».

La réalité a dépassé nos rêves les plus fous

début 1989, alors qu'il y avait déjà vingt-cinq mille enfants recueillis, nous nous sommes aperçues que ces petits, nourris uniquement avec des féculents, ne pouvaient maintenir leur attention plus de deux ou trois heures. Tu proposas de leur offrir une orange par semaine pour un apport minimal en vitamines. Mais pour vingt-cinq mille enfants, cela représentait près de deux cent cinquante tonnes d'oranges par an. Voilà pourquoi, une fois de plus, tu demandas à Jean ce que d'autres jugeaient impossible à faire. Lui trouva la solution adaptée. Il créa avec des amis l'Opération Orange qui fête donc ses vingt ans et à qui nous devons tant.

La générosité de certains donateurs permit parfois d'acheter de la viande. J'eus la surprise de voir de la viande de bœuf, découpée en petits morceaux et séchée sur des fils à linge, puis écrasée et mélangée avec une sauce épicée. Avec un peu de pain, c'était le régal des enfants.

Heureusement qu'avec toi nous avions confié l'œuvre à Kamal Tadros et son équipe. Car, en 1989, profitant de la chute du mur de Berlin qui focalisait toute l'attention du monde, le gouvernement soudanais chassa de son pays tous les ressortissants étrangers. Si nous n'avions pas placé toute l'œuvre sous la responsabilité des Soudanais, elle se serait écroulée et les enfants auraient une fois de plus été les victimes de cette politique !

J'étais choquée de voir une misère pire que tout ce que j'avais connu en Égypte. Nous avions des réserves d'argent et je t'ai proposé de tout envoyer au Soudan. Dans ce pays, j'ai constaté que, comme dans les bidonvilles du Caire, la misère matérielle n'est pas le plus grave. Il y a aussi le manque d'amour. Quand les enfants des rues se sont sentis soutenus, écoutés et aimés de nous et des Soudanais venus à leur secours, ils ont été pareils à une plante qui reverdit et refleurit. Ils ont pu s'en sortir, non sans efforts bien sûr, mais ces efforts, ils ne demandaient qu'à les faire.

Et nous avons créé les conditions de leur promotion sociale. Grâce à Kamal et à plusieurs associations[1], des fermes et des ateliers d'apprentissage les ont accueillis pour des formations professionnelles. De sorte qu'après quelques années, ces enfants que nous avions recueillis mourants dans les rues de Khartoum ont retrouvé non seulement leur dignité, mais un métier qui leur permet de vivre et faire vivre leur famille.

---

1. Notamment l'Opération Orange et l'association suisse des Amis de sœur Emmanuelle qui centralise toute l'aide au Soudan.

La réalité a dépassé nos rêves les plus fous

Notre espoir est que la fleur ainsi plantée dans le cœur de ces jeunes continuera d'être arrosée jusqu'à la fin et que nous verrons le retour des adultes dans le Sud, leur terre natale. Avec la formation qu'ils ont reçue, ils seront capables de reconstruire leur pays.

Le problème du Soudan est la guerre. En Égypte, c'est la négligence, l'ignorance et la misère. Mais nous ne subissons pas les conséquences d'un déchirement ethnique fratricide. Quand je repense à notre action auprès des enfants de Khartoum, je me dis qu'on ne mesure pas assez la puissance de l'amour. Car dans tout ce que nous avons fait, nous n'avions dans nos cœurs que l'amour du Seigneur. Lorsque nous nous sommes envolées pour le Soudan, nous n'étions pas en mission pour un gouvernement ou une organisation humanitaire. Nous n'avions aucune qualification spéciale. Seulement une motivation très forte, enracinée dans notre foi.

Au Soudan, une question se posa. Devais-je rester dans ce pays pour organiser l'aide ou rentrer en Égypte avec toi, sœur Emmanuelle ? La situation du Soudan paraissait désespérée. Or les sœurs de ma congrégation étaient bien formées désormais. Ce n'était pas comme avant où j'étais la seule responsable avec toi. Tu me proposas de m'installer un an au Soudan. Mais quand nous avons rencontré Kamal, il nous a paru évident que nous pouvions avoir une totale confiance en lui. Il était préférable que je poursuive ce qui avait été commencé au Caire. Je ne souhaitais pas non plus me séparer de toi.

1993, la relève

Je ne voyais pas passer les années. Toi non plus. Tu étais toujours débordante d'énergie et de nouvelles initiatives. Notre vie était un tourbillon où l'amour donné et reçu nous comblait de joie. Mais à partir de 1988, une menace se précisa.

Tu atteignais tes 80 ans. La hiérarchie de l'ordre semi-contemplatif de Sion auquel tu appartenais te demanda de cesser tes activités. L'âge de la retraite en prière dans ta communauté était arrivé. Les sœurs âgées de ta congrégation étaient affectées dès 65 ans dans des maisons de retraite du bassin méditerranéen. Tu ne souhaitais pas quitter le bidonville ni cesser de travailler. Si cela avait été possible, tu aurais aimé y finir tes jours, auprès de tes frères et sœurs chiffonniers.

Aux demandes de tes supérieures qui réclamaient depuis longtemps que tu rentres, tu répondais en présentant les projets en cours qui justifiaient encore ta présence. Tu obtins ainsi plusieurs années de sursis. Je croyais que tu serais

La réalité a dépassé nos rêves les plus fous

toujours avec nous, que tu saurais toujours arracher ces autorisations qui te permettaient de prolonger ta présence parmi nous.

Mais en 1993, tu me dis que c'était fini. Il te fallait retourner dans ta communauté en France. J'avoue que, sur le moment, j'étais persuadée que tu réussirais à rester malgré tout. Mais j'acceptai volontiers de t'accompagner dans les deux tournées que tu effectuas en France, au printemps et à l'automne. Je découvris un autre genre d'activité, dans la petite camionnette de l'Ami Jean qui sillonnait le pays. On passait de ville en ville pour faire des conférences, rencontrer des amis, des personnalités.

Au début, quand je me trouvais avec toi et Jean sur l'estrade, devant une salle pleine de monde, j'étais intimidée. Tu étais bien rodée, tu parlais avec ta verve et ton enthousiasme habituels. Mais quand tu me passais la parole, j'avais la gorge serrée. Il était difficile pour moi de dire quelque chose d'intéressant car tu avais déjà presque tout raconté. Alors je rassemblais toutes mes forces pour m'exprimer un peu. Je disais ce qui me venait du cœur, car il fallait que les gens me connaissent.

Pour la deuxième tournée, c'était déjà plus facile. Je commençais à prendre de l'assurance et, surtout, j'avais fait la connaissance de la femme de Jean qui était devenue mon amie, de ses enfants, de toute sa famille si aimable avec moi. En 2009, j'en suis à ma trente-cinquième tournée organisée par l'Opération Orange. Je considère Jean comme mon frère, sa femme comme ma sœur, ses enfants comme mes nièces et neveux. Quatre de ses cinq petits-enfants l'ont accompagné à Mokattam. Avec les élèves de l'école ils ont fait la fête et leur grand-père était très fier. Avec Jean et ses amis, je retrouve l'esprit qui a toujours été le tien, parmi des gens qui s'aiment et se respectent.

Je continuais d'espérer que tu obtiendrais l'autorisation de vivre parmi nous. Je t'entendais demander à tous nos amis :

— Priez pour que je meure auprès de mes frères et sœurs chiffonniers !

Mais pendant l'un de tes voyages en France, la décision a été prise et tu m'as aussitôt envoyé une lettre pour que je me prépare à ton départ d'ici deux mois. Ce fut pour moi un choc terrible mais pour toi, ce fut pire encore. Tu aurais pu faire valoir ta volonté :

— Je vais avoir 85 ans, je veux rester auprès de mes chiffonniers, finir mes jours avec eux.

Ils t'adoraient et nous t'aurions entourée d'amour jusqu'à la fin de tes jours. Mais tu as voulu être fidèle au vœu d'obéissance que tu avais prononcé.

La réalité a dépassé nos rêves les plus fous

Je peux dire maintenant que le jour de ton départ a été pire que celui de ta mort. Nous n'avions rien avoué à la plupart des gens qui étaient habitués à te voir voyager, partir et revenir. C'était trop difficile émotionnellement pour toi de dire au revoir à tout le monde. D'ailleurs est-ce qu'ils t'auraient laissée partir ? Ils auraient certainement perçu ton déchirement et nous auraient peut-être empêchées de gagner l'aéroport.

La veille de ton départ, on avait organisé une fête mais sans avoir le cœur d'annoncer que c'était fini. Certains m'ont dit après coup qu'ils s'en doutaient. Ils jugeaient que tu avais beaucoup travaillé, accompli des efforts énormes. Tu méritais de te reposer.
Mais la plupart pensaient que tu allais revenir. Après quelque temps, les gens ont commencé à demander de tes nouvelles. Tu leur manquais. J'étais seule à porter ce lourd secret. Quand je répondais : « Je ne pense pas que sœur Emmanuelle revienne », chacun s'en allait tristement.

Nous fûmes une dizaine de très proches à t'accompagner à l'aéroport. Toi qui ne pleurais pas facilement, tu avais le visage bouleversé. Tu m'as longuement serrée dans tes bras. Tu tentais de me consoler mais c'était plus fort que moi. Je pleurais toutes les larmes de mon corps.

En me quittant tu m'as dit :

— Sara de mon cœur, c'est la volonté de Dieu !

Le lycée Basma
ou la libération de la femme

Dieu était là pour me permettre de supporter l'épreuve de ton départ et m'aider à y faire face. L'Ami Jean aussi était là, avec son association, Opération Orange. Avant de partir tu lui avais dit :

— Je te confie Sara, ta petite sœur.

Il t'avait fait cette promesse :

— Sœur Emmanuelle, je ferai pour elle comme j'ai fait pour vous. Et je vous parie que tout ce qu'elle me demandera, je le lui donnerai.

Jean et ses amis ont tenu leur pari. Après ton départ, non seulement je ressentais la peine d'être séparée de toi, mais en plus j'étais très inquiète. Je craignais que nos donateurs soient moins généreux en ton absence et que nous ne puissions pas poursuivre nos activités. Car il faut beaucoup de moyens pour régler les salaires des professeurs et des employés, entretenir les locaux, les bus de ramassage scolaire, faire tourner le dispensaire, acheter les médicaments et rémunérer les médecins. Mais en réalité, nos projets ont continué à se développer et celui qui nous tenait le plus à

La réalité a dépassé nos rêves les plus fous

cœur a été entièrement réalisé grâce au soutien de l'Opération Orange. C'était un lycée pour filles !

Que de fois nous en avions rêvé ensemble toutes les deux ! Quand tu quittas l'Égypte, le projet était en marche. Il fallait permettre aux filles d'aller jusqu'à l'université et je me suis battue pour cela après ton départ. Mais je ne me suis pas battue seule, car les jeunes chiffonnières ont démontré leur volonté de s'en sortir.

En fin d'année scolaire 1991-1992, pour la première fois, des élèves de Mokattam passaient l'*Addedaya* (brevet des collèges). Ils faisaient ainsi partie des 33 % de l'élite des jeunes Égyptiens ; à cette époque, seulement un tiers d'une classe d'âge arrivait à ce niveau. Nos cinquante-trois garçons avaient tous réussi, mais nos trente-sept filles avaient toutes échoué. Nous n'en revenions pas, étant donné leur excellent niveau. Le soir même, nous les avons réunies pour leur demander ce qui s'était passé. Vu que leurs résultats étaient largement aussi bons que ceux des garçons, elles auraient dû réussir comme eux. Elles ont répondu qu'elles avaient monté un complot en début d'année. Elles avaient décidé de bien travailler, mais le jour de l'examen elles rendraient toutes une feuille blanche à l'épreuve d'anglais dont la note était éliminatoire. Elles estimaient qu'on ne s'occupait que des garçons ;

eux pouvaient quitter le bidonville pour s'inscrire dans un lycée en ville. Mais les filles n'avaient pas ce droit. Elles seraient mariées dans quelques semaines. Or elles ne voulaient plus d'une vie d'esclaves comme leurs mères ! Elles avaient donc fait exprès d'échouer pour que nous les gardions une année supplémentaire en redoublement et que nous soyons obligées de penser à leur problème.

Quelle leçon ! Je prévins tout de suite l'Ami Jean et, ensemble, portés par la détermination de nos filles, nous avons mis en place le projet du lycée féminin au Mokattam. Malheureusement, un événement aussi dévastateur qu'imprévu allait différer notre réponse à leur appel.
Le 12 octobre 1992, un séisme dévastait Le Caire. Bien que son amplitude ne fût que de 5,3 sur l'échelle de Richter, il provoqua des dégâts énormes, des centaines de morts, des milliers de familles sans abri ; les immeubles construits trop vite, avec peu de moyens, s'étaient écroulés comme des châteaux de cartes, engloutissant leurs habitants.
L'État décida que toutes les écoles devaient fermer en attendant l'autorisation d'une commission de sécurité. Elle passa à Mokattam le 10 novembre et releva de profondes fissures dans des piliers porteurs. Elle décréta qu'il fallait entre-

La réalité a dépassé nos rêves les plus fous

prendre des travaux urgents, estimés à cinquante mille dollars. En attendant, l'école ne pourrait recevoir aucun élève.

Nous étions désespérées. Tu appelas au secours l'Ami Jean qui aussitôt s'envola pour Le Caire. Il venait de récolter cinq cent mille francs, au cours de ses tournées de sensibilisation en France, et il signa un chèque sur-le-champ. Le 12 octobre 2008, huit jours avant d'entrer dans la vraie vie, tu rappelleras ces événements et remercieras Jean une fois encore pour ce don providentiel. Il permit de rénover l'école et de la rendre « plus belle qu'avant ». Et tu concluras en déclarant :

— Il m'a fait bondir de joie, l'Ami Jean !

L'avenir de l'école assuré, tu décidas de foncer pour répondre à la demande légitime de nos jeunes filles, qui voulaient leur lycée. Sur ce projet, j'imposai mon point de vue :

— Emmanuelle, pour le lycée, ne construisons pas de nouveaux bâtiments. D'abord, où prendrions-nous le terrain ? Nous allons rehausser l'école d'un étage, cela permettra de vider notre annexe en plaçant toutes les classes dans le bâtiment principal et, dans l'annexe, nous pourrons installer le lycée.

C'est ainsi que, le 5 octobre 1995, grâce au soutien de Jean et de ses amis, nous avons pu inaugurer le lycée qui devait libérer les femmes du Mokattam. Jean avait voulu lui donner le nom de Basma, « Sourire », et la devise, « Réussir pour servir ».

Pour la cérémonie d'inauguration, nous avons préparé une grande fête. La cour était décorée, fleurie, pavoisée. Les autorités égyptiennes avaient été invitées, ainsi que des officiels venus exprès de France. Parmi eux, le député de l'Isère, Georges Colombier, ami fidèle depuis de longues années ; l'ambassadeur de France au Caire, Patrick Leclercq, et son épouse ainsi que des représentants égyptiens de l'Éducation nationale au Caire. Mais dans la foule, je ne voyais que toi, sœur Emmanuelle, revenue pour l'occasion avec l'autorisation de ta hiérarchie, en compagnie de sœur Ghislaine, ton ancienne supérieure d'Alexandrie. En arrivant, tu m'avais dit :

— Sara de mon cœur, il faut faire attention à sœur Ghislaine, car elle est âgée !

Il est vrai que sœur Ghislaine avait 90 ans, ce qui était très vieux pour toi, la jeune sœur Emmanuelle de 86 ans et onze mois ! Tu étais rayonnante à côté de l'Ami Jean, de Mgr Athanasios, entourée des Filles de Marie.

Pourtant, tu n'avais pas dormi de la nuit. Le soir, tu m'avais posé mille questions, prenant des nouvelles de chacun. Tu n'avais oublié aucune famille des chiffonniers, aucun enfant, aucun

La réalité a dépassé nos rêves les plus fous

adulte. Puis tu t'étais levée pour me laisser dormir et tu avais parcouru notre maison de long en large. Je t'entendais dire d'une voix pleine de joie : *Misr* ! *Misr* !, « Égypte ! Égypte ! » Le lendemain, sans avoir dormi, tu paraissais toute fraîche et ton enthousiasme me réjouit le cœur.

En ton honneur, les enfants avaient préparé des danses, des chants, des mimes. Ils portaient des costumes confectionnés par les mamans et les maîtresses, certains rappelant l'époque pharaonique. C'était une fête magnifique. Tout le monde applaudissait.

Chacun était ému, surtout toi, Emmanuelle, car en voyant ces enfants si beaux, si souriants et pleins de santé, tu te souvenais qu'à ton arrivée, vingt-cinq ans auparavant, ils vivaient en ces mêmes lieux, sales, ignorants et en haillons. Tu as prononcé un discours en arabe et, par moments, l'émotion était si forte que tu t'arrêtais. Tu nous pris ensuite à part avec l'Ami Jean pour nous dire :

— Ce jour est le plus beau jour de ma vie !

Je vous assure que j'en avais les larmes aux yeux devant ces fillettes dont les mamans avaient été mariées à 12 ans et qui avaient des bébés tous les dix mois. Mais elles, ces petites qui étaient là devant nous souriantes et enchantées, elles n'auraient pas la même vie. Elles étaient libérées !

C'est tout de même quelque chose de libérer la femme !

Une fois la fête terminée, les chiffonniers sont accourus pour t'embrasser. Ils étaient si heureux qu'ils ont amené un âne et t'ont installée dessus. Dans une liesse indescriptible, la foule t'a accompagnée dans chaque rue afin que tout le monde puisse te voir. J'étais bouleversée. Cette scène me rappelait l'épisode où Jésus entre à Jérusalem le jour des Rameaux, à dos d'âne.

Chacun voulait t'offrir du thé, te raconter sa vie, te donner des nouvelles. Tu nous avais tellement manqué ! Toi-même, tu nageais dans une pure allégresse. Tu savourais ton bonheur et je me délectais de te voir aussi heureuse. Tu disais à chacun des paroles affectueuses qui faisaient éclater la joie sur les visages.

Nous avons visité le club de Mokattam où les scouts avaient beaucoup d'activités. Ils avaient monté notamment une « cage à singes », faite de barreaux auxquels les enfants s'amusaient à grimper. Ils l'avaient bricolée avec des morceaux de bois et des cordes, pour jouer, faire du sport et se détendre. Tu les as félicités et, bien sûr, tu as voulu l'essayer. J'avais un peu peur pour toi quand je t'ai vue y monter, mais tu riais aux éclats et ton enthousiasme était communicatif. Tout le monde t'applaudissait et prenait des photos ; seul

La réalité a dépassé nos rêves les plus fous

l'Ami Jean était très inquiet car les supérieures de Notre-Dame de Sion t'avaient confiée à sa garde, en lui disant de bien prendre soin de toi. Il se demandait comment ton ascension de la cage à singes allait se terminer. Mais tout s'est passé pour le mieux.

Le lendemain de l'inauguration du lycée, la porte de notre maison est restée ouverte et les lieux n'ont cessé de se remplir des gens qui venaient encore et encore te serrer la main, t'embrasser, te dire qu'ils t'aimaient, que tu avais changé leur vie et qu'ils ne pouvaient pas t'oublier. Je te voyais animée, heureuse, courir à droite et à gauche comme une jeune gazelle.

Tu as pu rester ainsi une semaine avec nous, ravie de vivre avec les sœurs. Chaque repas te réjouissait car tu aimais beaucoup les plats égyptiens que je préparais. Tu les dévorais avec une gourmandise de jeune fille. Tu savourais aussi nos fruits et en particulier les mangues que tu aimais accompagner de riz sucré, en t'exclamant :

— J'aime ce fruit qui descend directement du paradis !

Nous sommes allées à la Maison du Bonheur où tu as admiré les jardins fleuris, les peintures toutes fraîches dans l'ancienne maison et les nouveaux bâtiments offerts par de généreux Égyptiens. Nous avons marché dans l'eau toutes les deux, en nous tenant la main, en priant et rendant grâces à Dieu pour cette joie qui nous était donnée. Je me souviens que tu ne cessais de répéter :

— Le cadeau le plus beau que Dieu nous ait donné, c'est la Maison du Bonheur !

Avec quelques sœurs qui nous avaient accompagnées, nous y sommes restées une nuit, mais tu exultais et ne pus trouver le sommeil. Tu étais trop heureuse de retrouver l'Égypte où tu avais laissé ton cœur.

Nous sommes allées ensuite à Béni Suef voir Mgr Athanasios et toutes les religieuses de la communauté qui t'aimaient énormément. Du temps où tu étais en Égypte, chaque mois tu passais une journée chez nos sœurs que tu guidais dans leur engagement de vie religieuse. Nous les coptes, te considérions comme une des nôtres et nous avons d'ailleurs les mêmes vœux d'obéissance, de pauvreté et de chasteté qui ont leur origine dans notre église.

Le moment du départ pour la France fut très dur pour chacune de nous. À l'aéroport, je ne pus retenir mes larmes et tu me dis comme en 1993 :

La réalité a dépassé nos rêves les plus fous

— Sara de mon cœur, je voudrais tant rester avec toi ! Mais c'est la volonté de Dieu !

Pour me donner du courage, je me remémorais les moments forts que nous avions partagés. Et en particulier nos temps de prière. En ces instants, je sentais que tu étais vraiment en présence de Dieu. Ce souvenir m'a toujours beaucoup inspirée. Je me rappelais notre première cabane, quand nous lisions l'Évangile à la lueur de la lampe à pétrole. Ce ressourcement dans la parole du Christ nous a profondément unies.

Tu tenais aussi à prier en arabe. Tu chantais des cantiques à la Vierge de notre tradition. Et tu aimais beaucoup cette litanie qui commence par la répétition de : « *Koudous ! Koudous ! Koudous Rab el Sabaot !* », « Saint ! Saint ! Saint est le Seigneur » ! Nous la murmurions souvent ensemble. Par moments tu rayonnais. Tes yeux brillaient. Une lumière émanait de toi.

Nos partages de prière continuent de m'aider aujourd'hui encore dans ma vie religieuse et pour continuer notre œuvre auprès des chiffonniers. Le Seigneur a permis que, grâce à toi, nos communautés coptes et catholiques se rapprochent.

Épilogue

L'amour est plus fort que la mort

La douleur du Mokattam

Tu es belle.
Ton visage est lisse.
Tu rayonnes de la jeunesse éternelle.
Tu es entrée dans la vraie vie.

Dix jours avant, le 10 octobre, tu m'as appelée depuis ta maison de retraite dans le Var et nous avons parlé un quart d'heure ensemble, ce matin-là. Tu voulais que je te donne des détails sur ce qui se passait dans les bidonvilles.

Le soir de ce même jour, tu m'appelas de nouveau pendant près d'une demi-heure. J'étais triste en raccrochant. Je sentais que tu avais un grand besoin de réconfort et le désir de partager ce que je vivais au Mokattam. Tu me donnas des conseils et m'exprimas ton affection, encore plus chaleureusement que d'habitude. Je te sentais très proche, très maternelle. Tu voulais que je m'occupe de ma santé, que je mange et dorme bien, que je prenne soin de mes pieds. Tu me répétas à plusieurs reprises :

— Sara de mon cœur ! Sara de mon cœur !

Est-ce que tu savais alors que cette conversation serait la dernière ?

Le 19 octobre 2008, une tristesse indicible m'envahit. Je ne trouve plus la force de me lever, de vaquer à mes occupations quotidiennes. Je me mets à pleurer. Mes sœurs prennent soin de moi, craignant que ce ne soient les signes avant-coureurs d'une méchante maladie.

Au matin du 21 octobre 2008, une tristesse et une inquiétude diffuse ne me quittent pas. Pendant la nuit, j'ai eu le cœur serré et triste, des larmes coulaient sans que j'en comprenne la raison.

9 h 30, le téléphone sonne. Une amie de toujours m'appelle de Bretagne. J'entends aussitôt à sa voix qu'il est arrivé un événement grave.

Tu nous as quittés cette nuit !

Je suis debout au réfectoire de ma communauté et je dois m'asseoir sur le canapé. La tête me tourne, j'entends mon cœur battre à grands coups. Je ne veux pas y croire mais une quinzaine de coups de fil d'amis se succèdent, qui tous

Épilogue

m'annoncent la même nouvelle et me présentent leurs condoléances. Puis c'est la presse, la radio, la télévision qui appellent.

Je suis immobilisée sur ma chaise, incapable de bouger. Pendant une demi-heure, je reste prostrée. Je suis seule car les sœurs se sont absentées pour leur travail.

Des journalistes se présentent et demandent à me parler. Ça m'est impossible. Je n'ai plus de voix. Je suis effondrée ! Je ressens une peine immense, une douleur poignante. J'ai perdu mon amie, ma mère.

Pendant toute la journée, je suis en état de choc, au bord du malaise.

La nouvelle se répand.

Douleur et stupeur à Ezbet-el-Nakhl, au Mokattam, à Meadi Tora.

Dans toutes les familles on pleure *Ableti*, la grande sœur, la femme de Dieu qui a aimé ses frères et sœurs chiffonniers d'un amour non ordinaire en Jésus-Christ, notre Seigneur.

Musulmans, chrétiens, tous prennent le deuil et se lamentent. « Elle est avec Allah ! » disent les uns. « Elle chante avec les anges au paradis ! » disent les autres.

Dans les églises coptes orthodoxes et catholiques d'Égypte, des messes attirent de larges assemblées de fidèles endeuillés. Il y a foule à

Zeitoun, dans l'église de l'Apparition de la Vierge où tu te prosternas si souvent, face contre terre. L'amphithéâtre d'Abuna Samaan, au Mokattam, est rempli de monde. Cinquante mille personnes s'y pressent pour te rendre un hommage fervent, où chrétiens et musulmans se côtoient, unis dans la même douleur.

Une immense prière enveloppe les bidonvilles du Caire.

On se recueille aussi à Alexandrie, où le patriarche Sa Sainteté Schenouda III, que tu rencontras plusieurs fois, offre une messe en présence de la hiérarchie de l'Église copte. Des prières vibrantes pour la sœur chiffonnière montent sous les ors des icônes et dans les volutes d'encens. Les chants de la liturgie ne couvrent pas toujours les plaintes et les gémissements de tes amis éplorés. Dans tous les lieux saints de l'Égypte, des veillées de prière s'organisent. Les grands de ce monde, l'ambassadeur de France et le président Moubarak s'associent à notre deuil.

Tu es vivante de la vie du ciel

J'appelle Sofia, ta nièce dont tu te sentais si proche. Elle a été la joie de tes dernières années. Elle était à ton chevet ces nuits où tu étouffais, le cœur à bout de force. Tu avais le regard de

Épilogue

ceux qui sont déjà loin. Tu arrivais pourtant, avec un sursaut d'énergie, à donner encore une interview à la presse qui attendait de toi ces paroles d'espoir et de réconfort que tu savais dire comme personne.

On te demandait d'être là pour célébrer en grande pompe ton centième anniversaire, mais tu secouais la tête :

— Mes yeux regardent plus loin ! Je ne veux plus des honneurs de ce monde.

Ton heure était venue.

Tu fus exaucée car tu souhaitais mourir dans ta communauté. Tu disais attendre la mort qui célébrerait tes vraies retrouvailles avec le Christ et le face à face dans la lumière de Dieu. Mais tu avouais avoir peur des souffrances de l'agonie. Tu avais confié ta mort à la Vierge.

Tu t'es éteinte doucement et quand une aide-soignante est passée vers 11 heures dans la nuit du 20 au 21 octobre, tu avais rendu le dernier souffle.

Sofia fut la première à entrer dans ta chambre, selon tes volontés. Elle arriva chargée de tes fleurs préférées, des lys blancs et des roses rouges. Vers minuit, comme elle regagnait sa chambre dans un bâtiment isolé de ta maison de retraite, un chien qui ressemblait à un loup s'approcha d'elle et lui lécha les pieds. Elle me confia avoir eu peur de cet animal apparu silencieusement dans la nuit. Mais je la rassurai :

— Chérie, il ne fallait pas t'inquiéter, c'était un ange qui accompagnait l'âme de sœur Emmanuelle. Il est venu te consoler de sa part.

Je voulais prendre le premier avion pour la France afin de venir me recueillir près de toi. Mais tous les vols étaient complets. Je priai le Seigneur de toutes mes forces et il y eut un désistement au moment où je me présentais au guichet d'Egypt Air.

Ainsi tu fus une fois encore exaucée, Emmanuelle, car tu avais souhaité que Sofia et moi soyons réunies en ces moments auprès de toi, pour réciter la liste de prières que tu nous avais confiée.

Tu rayonnes.

Je retrouve sur ton visage la lumière qui transparaissait quand tu te recueillais. Sofia murmure :

— L'amour est plus fort que la mort. Elle l'a dit, elle le vit !

Dans ce moment de vérité qu'est la mort, nous comprenons en te regardant que cette parole est vraie.

Épilogue

Une photo tombe de mon missel, celle de Mgr Athanasios, dont tu fus si proche. Tu es ma mère spirituelle et il est mon père spirituel. Il décéda le jour anniversaire de tes 92 ans, le 16 novembre 2000. Je me trouvais alors en France mais, avant de quitter l'Égypte, je lui avais rendu visite à l'hôpital où il était alité, gravement malade. Il m'avait demandé quand je rentrerais au Caire. Mon vol de retour était prévu le 24 novembre. Je fus surprise de l'entendre affirmer que je reviendrais le 16 :

— Ce n'est pas possible, monseigneur.
— Si, tu verras, sœur Sara. Tu seras là le 16.

Cet homme de prière connaissait le jour de sa mort. Bien entendu, je suis rentrée le 16 dès que j'ai eu la nouvelle de son décès.

En repassant ces souvenirs, je glisse sa photo sous ta tête, dans le cercueil. Et au ciel, je me dis que vous êtes en train de célébrer le rapprochement accompli entre nos Églises, à travers notre action auprès des plus défavorisés.

Je te confie les difficultés que je rencontre dans l'organisation de l'aide au bidonville depuis onze ans. Devant toi et les anges qui accompagnent ton ascension vers Dieu, je prie de toutes mes forces. Et quand je rentre en Égypte quelques jours plus tard, les obstacles sont levés. J'ai enfin obtenu le permis de construire attendu si longtemps. Tout ce que je t'avais confié s'est arrangé.

Je te fais part aussi des soucis de nos amis malades ou en difficulté, afin que tu demandes pour eux l'aide de notre Seigneur. J'ai pu observer depuis que de bonnes solutions ont été trouvées pour ces personnes.

Je continue aujourd'hui de te parler de ce qui me préoccupe, exactement comme si tu étais près de moi. Il arrive que les gens soient surpris car je suis seule et parle à haute voix. Chaque fois que je te sens avec moi, les problèmes sont résolus.

Dernier regard, avant qu'on ne ferme le cercueil.

J'ai l'impression que tu respires.

Tu es vivante de la vie du ciel.

Nous te disons adieu

À la messe d'enterrement, le prêtre lit l'évangile de Matthieu que nous avions si souvent médité ensemble :

> « Venez à moi, les bénis de mon Père ; prenez possession du royaume qui vous a été préparé depuis la fondation du monde. Car j'ai eu faim, et vous m'avez donné à manger ; j'ai eu soif, et vous m'avez donné à boire ; j'étais étranger, et vous

Épilogue

m'avez recueilli ; j'étais nu, et vous m'avez vêtu ; j'étais malade, et vous m'avez visité ; j'étais en prison, et vous êtes venus vers moi. »

Avec émotion, je revois alors notre cabane et me rappelle le partage d'évangile à mon couvent de Béni Suef, quand nous avions lu ce passage, le jour où tu étais venue me demander de m'engager auprès de toi, à La Palmeraie. Je me souviens de ma première nuit au bidonville.
C'était vingt-trois ans plus tôt.
C'est si proche !

Sofia et moi sommes serrées l'une contre l'autre à l'avant du corbillard, qui passe devant des photographes accourus de toute la France. Le pays te rend un hommage national. Sur la route, les gendarmes te saluent au garde-à-vous. Nous t'accompagnons jusqu'au petit cimetière provençal de Callian, où tu reposes dans le caveau de ta congrégation, à côté de tes sœurs.
Je m'appuie au bras de Sofia.
Nous te disons adieu en te lançant une pluie de lys.

Le peuple de France t'exprime son amour et en la cathédrale Notre-Dame de Paris, une messe est célébrée en ton honneur, en présence des plus hauts personnages de l'État.

Sur le parvis, la foule s'est rassemblée. Les gens te pleurent car tu as été pour eux le témoin du Christ, la preuve vivante que l'amour est plus fort que la mort.

Tu continues de nous aider

À mon retour au Caire, la douleur est sur tous les visages du bidonville. Dans chaque quartier de chiffonniers, des messes spéciales sont dites à ton intention pendant le temps du deuil. Les prêtres évoquent l'histoire de ta vie, font l'éloge de tes qualités, rappellent l'œuvre que tu as accomplie pour les enfants et les plus faibles. Je distribue à chacun de tes frères et sœurs chiffonniers un porte-clefs à ton image, accompagné du petit livre de prières en arabe que tu méditais toujours.

Puis la vie reprend son cours. Heureusement j'étais bien préparée depuis ton départ en 1993.
Quand tu me manques trop, j'appelle Sofia pour parler de toi.
Je te sens près de moi. Je sais que tu m'aides.
Je compte aussi sur mon frère qui est également ton fils spirituel, l'Ami Jean, et ses fidèles associés de l'Opération Orange qui se sont montrés attentifs à nos besoins. Ces personnes travaillent dans l'esprit qui fut le tien. Car ils sont

tous bénévoles et les fonds qu'ils récoltent en ton nom parviennent entièrement sur le terrain.

Une chapelle Sœur Emmanuelle

Pour écrire ce livre, Sofia m'a rejointe dans les bidonvilles où nous avons vécu nos plus belles années. Je ne saurais te dire ma joie de l'accueillir. Un lien d'âme profond existe entre nous.

Quand elle était venue te voir en Égypte, toute jeune, tu m'as raconté que dans la rue les gens te disaient :

— Merci, ma sœur, de nous avoir amené une aussi jolie jeune fille !

Cette fois, les gens m'ont dit :

— Sœur Sara, quel est cet ange descendu sur terre près de toi ?

Quand j'ai expliqué que c'était ta nièce, ils l'ont embrassée avec affection comme un membre de leur famille. Tous ont affirmé que tu étais au paradis parce que tu n'avais fait que du bien sur terre.

Ensemble, avec Sofia, nous sommes allées à la Maison du Bonheur. Nous avons rencontré beaucoup de nos amis et nous avons eu de longues conversations avec des chiffonnières que tu avais connues. Toutes ces personnes ont exprimé la vénération qu'elles ressentent pour toi, la sainte qui est venue les visiter et a transformé leur vie.

Avant de me rendre visite au Caire, Sofia m'avait vue en rêve marcher à sa rencontre. Je lui ouvrais une fenêtre et elle te voyait dans un ciel d'un bleu inexprimable. Tu tenais à la main la croix des chiffonniers, brillante, étincelante. Quand Sofia s'est réveillée, elle a senti qu'elle devait m'offrir cette croix, la rapporter là même où tu avais eu l'idée de la faire[1].

Car la croix des chiffonniers ou « la croix de sœur Emmanuelle » comme l'appelle Sofia, je me souviens que nous l'avons fabriquée de nos mains. C'était un jour où nous recevions des scouts belges qui aidaient à construire de petites maisons en dur pour les chiffonniers. Quand la semaine sainte est arrivée, on a réalisé que l'on n'avait pas de croix pour prier. Alors tu es descendue dans la ruelle. Il ne t'a pas fallu bien longtemps pour dénicher deux morceaux de bois, du fil de fer et des cordes. Tu les as rapportés et nous en avons fait une croix avec l'aide des scouts. Ils ont fixé les deux planches grâce aux bouts de corde et ont façonné le fil de fer pour styliser le corps de Jésus crucifié. Tu aimais tant cette croix qu'en quittant l'Égypte, tu as tenu à l'emporter. Tu as voulu ensuite qu'elle revienne à Sofia mais, après son rêve, elle a décidé de la rapporter au bidonville.

---

1. *Cf.* photo n° 15 du cahier central.

Épilogue

J'ai le souhait de créer au Mokattam une chapelle Sœur Emmanuelle, en m'inspirant de l'espace dédié à Thérèse de Lisieux. Tu aimais beaucoup cette sainte qui a une place privilégiée dans mon cœur. Nous l'avons souvent priée ensemble et plusieurs fois elle nous a exaucées pour les autres, notamment des malades. Je sens que les saints sont vivants parmi nous et ils intercèdent en notre faveur auprès du Seigneur.

La chapelle que je veux te dédier ne sera évidemment pas aussi grandiose que la basilique de Lisieux, car nous n'aurons pas des moyens équivalents. Mais il me paraît important qu'il y ait, en Égypte, là où tu vécus tes plus belles années, un lieu pour honorer ta mémoire. Un espace où l'on puisse se recueillir, apprendre à connaître ta vie et comprendre ton engagement.

Voilà pourquoi j'ai conservé ta table de travail, ta chaise, ta machine à écrire, beaucoup de vêtements, des photos, des journaux, ta bibliothèque. J'ai en outre tes objets personnels, le chapelet que tu m'as donné et ton missel dont je me sers pour prier.

Il y a aussi une photo de toi très particulière. Quand je prie devant cette photo, tu me souris et ton visage s'éclaire. D'autres fois, tu t'animes, tes joues deviennent roses. Il arrive aussi que je perçoive ton regard. J'ai reproduit cette photo, l'ai encadrée et suspendue dans plusieurs pièces de notre communauté au Mokattam.

Un artiste sculpteur, Marghis, a réalisé en 1995 un buste de toi, sans t'avoir jamais rencontrée. Car un jour il s'est senti inspiré et n'a pas quitté son atelier avant d'avoir terminé son œuvre.

Quand tu es venue en Égypte pour l'inauguration du lycée Basma, nous sommes allées nous reposer à la Maison du Bonheur. Nous avions préparé une grande fête et t'avons fait une surprise en te dévoilant cette sculpture que tu ne connaissais pas. Tu étais à la fois étonnée, ravie et joyeuse. Puis je me souviens que tu t'es régalée d'un vrai festin que j'avais préparé pour toi et tous nos amis.

Les défauts de tes qualités

Nous, les coptes, te vénérons comme une sainte, ce qui n'empêche qu'à côté de tes qualités, tu aies aussi des défauts, comme tout le monde. L'Évangile et la Bible n'ont pas caché les faiblesses des saints et des apôtres.

La première de tes qualités, reconnue de tous, est d'abord une faculté d'amour extraordinaire dont bien des personnes peuvent témoigner. Tu t'es donnée entièrement à tout le monde.

Tes autres qualités sont d'aller jusqu'au bout de tes idées et de manifester toujours un immense respect des autres. Les chiffonniers avaient la réputation d'assassins et de voleurs, mais tu les respectais. Certains, qui aiment les autres, ne les respectent pas forcément. Ce n'était pas ton cas.

Ton principal défaut à mes yeux était la colère qui, de temps en temps, te mettait hors de toi, sans vraie raison. Dès que tu te calmais, tu reconnaissais tes torts, tu t'excusais et on arrivait à une solution. Tu étais pressée, impatiente, mais par amour des autres, parce que tu craignais de ne pas avoir le temps de leur donner ce dont ils avaient besoin. Tu avais les défauts de tes qualités.
 Combien de fois t'es-tu désolée :
 — Je n'ai pas la patience des Égyptiens, Sara !
 Combien de fois t'ai-je raisonnée :
 — Mais nous sommes en Égypte, Emmanuelle !
 Tu avais aussi le travers de grossir tes défauts comme si tu avais voulu faire ta caricature. Tu prenais plaisir à te noircir, te rendre pire que tu n'étais. Tu te reprochais beaucoup de prétendues faiblesses et n'acceptais pas qu'on dise que tu étais une sainte. C'était une preuve d'humilité de ta part.
 Nous marchons vers la sainteté avec l'aide de Dieu mais seul Dieu nous donnera la sainteté. C'est grâce à son incarnation qu'il nous permet de triompher de nos petitesses. Tu regardais beaucoup tes défauts, ce que j'approuvais, mais

quand tu m'as parlé du projet d'en faire un livre, je n'ai pas été d'accord. Ses manquements, on les confie à Dieu, on ne les déclare pas en public.

Je te citais l'exemple de mère Teresa que tu connaissais bien. Les Missionnaires de la Charité se sont installées non loin, au bidonville du Mokattam, depuis une quinzaine d'années. Elles accueillent les gens qui sont sur le trottoir, les enfants en difficulté et les handicapés. Lorsqu'elles ont un problème de santé, elles viennent se soigner dans notre dispensaire. Tu avais eu l'occasion de rencontrer mère Teresa, que tu considérais comme une sainte. Or elle est passée par des moments de doute sans jamais en faire état. Je regrettais que toi, au contraire, tu aies décidé d'exposer dans un livre ce que tu pensais avoir fait de mal et j'essayais de t'en dissuader. Mais un jour tu me demandas de ne plus en parler. Tu me confirmas qu'un livre posthume révélerait « tout » et tu m'en confias le manuscrit, en me demandant de ne pas le lire avant ton décès. Je compris que tu ne changerais pas d'avis et respectai ta volonté.

Quand j'ai lu tes *Confessions*, après ta mort, je n'ai pas été surprise. Tu m'avais déjà dit tout cela. Je n'ai rien appris de nouveau. Il n'y avait rien que je ne connaisse de ta vie personnelle car nous avons été transparentes l'une pour l'autre. Mais je regrette que tu aies publié ces confi-

Épilogue

dences intimes. Elles peuvent inciter de jeunes religieuses à relâcher leurs efforts et à succomber à la tentation parce que toi, une sœur plus âgée, admets par exemple avoir été sous le charme d'un professeur turc. Je n'aimais pas que tu parles autant de cet épisode de ta vie, qui me paraît bien peu significatif par rapport à toutes les choses extraordinaires que tu as accomplies. Il aurait fallu que tu aies un vrai confesseur à qui tu puisses confier tes faiblesses et qui t'aide à les dépasser, plutôt qu'à en faire étalage.

Heureusement tu as écrit d'autres ouvrages, notamment ceux rédigés avec Sofia où j'entends battre ton cœur. Je médite *La Folie d'amour*[1], un livre d'une profondeur incroyable. Je lis un paragraphe et suis comblée pour la journée. Il y a aussi *Mille et un bonheurs*[2] et les *365 Méditations*[3] dont j'ai traduit certaines pensées en arabe pour ma congrégation. Dans ton *Testament spirituel*[4], je retrouve l'essentiel de ce que nous avons partagé au cours de nos prières et nos méditations. C'est un livre que j'aime prendre avec moi lorsque je fais une retraite. Quand je le lis, j'ai l'impression que tu es en train de me parler. La

---
1. Flammarion, 2005.
2. Carnets Nord, 2007.
3. Presses de la Renaissance, 2008.
4. Presses de la Renaissance, 2008.

lecture devient une conversation, je t'entends prononcer chaque mot à voix haute. C'est un bonheur doux comme le miel qui coule alors dans mon cœur.

Je t'aimais énormément avec tes qualités, comme avec tes défauts. Je t'aimais telle que tu étais. Je ne suis pas restée près de toi par obligation. J'admirais que tu continues un travail aussi dur, à un âge avancé. La force de ton engagement nous a valu l'aide de nombreuses personnes. Ce que nous avons réalisé dépasse l'imagination ! Si quelqu'un était venu nous dire qu'un jour on n'habiterait plus des cabanes comme celles d'Ezbet-el-Nakhl et qu'on aurait des maisons en dur au Mokattam, puis à Meadi Tora, puis au bord du lac Timsah, on ne l'aurait pas cru ! Pourtant c'est arrivé.

C'est la grâce de Dieu, c'est vraiment la grâce de Dieu qui a permis cela. Quand j'y pense, je peux seulement dire dans mon cœur :

— Merci, Seigneur, pour tout ce que vous nous avez donné !

Tu me portes dans l'invisible

Quelques mois après ton décès, la situation est devenue critique au bidonville. Sous prétexte de grippe porcine et malgré le fait qu'il n'y ait eu

Épilogue

aucun cas déclaré de cette maladie en Égypte, le gouvernement a procédé à l'abattage des porcs au Mokattam. Mais les chiffonniers ne l'ont pas accepté. Quand l'armée est arrivée pour prendre leurs bêtes, des coups de feu sont partis. Pendant que leurs pères se battaient, les enfants mettaient le feu aux véhicules militaires. Un colonel a perdu un œil dans la bagarre et il y a eu d'autres victimes parmi les soldats. En représailles, une cinquantaine de chiffonniers ont été arrêtés et sont encore aujourd'hui en prison.

Juste avant que ne se produisent ces incidents malheureux en mai 2009, je t'ai vue en rêve. Nous étions dans la grotte de Bethléem, un des lieux saints que nous avons visités ensemble. Après t'être prosternée, tu t'es relevée, le visage furieux. Tu avais l'air très mécontente. J'ai demandé :

— Qu'est-ce qui t'arrive, Emmanuelle ?

D'une voix plaintive, en gémissant, tu m'as répondu :

— Sara de mon cœur, ils m'ont tout pris ! Ils m'ont tout pris !

Tu paraissais inconsolable.

Je me suis réveillée triste. J'ai compris que du ciel tu nous regardais et tu te désolais. Plus tard dans la matinée, j'ai appris ce qui se passait au bidonville. Alors je t'ai suppliée, dans ce dialogue qui ne cesse pas entre nous :

— Arrange-toi, Emmanuelle, avec notre Seigneur ! Il faut que les chiffonniers aient du travail. La situation n'est pas encore tragique pour l'instant, mais elle va le devenir très vite, au plus tard dans cinq mois. Les choses ne feront qu'empirer. Car le peu d'argent que les chiffonniers ont en réserve, ils vont le dépenser et, à la rentrée, ils n'auront plus de quoi scolariser leurs enfants.

J'ai prévenu Opération Orange et demandé une aide supplémentaire pour que nous puissions prendre totalement en charge les frais de scolarité de certains enfants.

Chère Emmanuelle, tu dois intercéder en notre faveur. Je cherche actuellement des solutions pour nos frères et sœurs chiffonniers. Car non seulement ils ont perdu les bêtes qui les nourrissaient et nettoyaient le bidonville des détritus périssables, mais le gouvernement a décidé d'organiser le ramassage des ordures en le confiant à des sociétés privées. L'usine de compost tourne à vide. Ces mesures, alliées à la crise alimentaire qui frappe l'Égypte brutalement, menacent notre survie. Déjà, des parents viennent me voir, inquiets. Ils ne pourront plus assumer la modique participation que nous demandons pour l'école de leurs enfants. Or l'éducation est le pilier de l'œuvre que nous avons accomplie. S'il s'effondre, qu'adviendra-t-il de nous ?

Épilogue

J'ai confiance en toi

Dans un rêve ces derniers jours, je montais vers le ciel. Je voyais une foule de personnes d'une grande beauté, tout éclairées de la lumière du paradis. L'une d'elles me dit :
— Au ciel, on ne peut pas imaginer les douleurs de la terre. C'est impossible !
Alors j'ai entendu ta voix, cette voix qui n'appartient qu'à toi et qui m'appelait :
— Sara de mon cœur ! Sara de mon cœur !
Je me suis retournée et je t'ai aperçue. Tu étais resplendissante. Tu rayonnais de la joie du ciel.

En me réveillant, j'ai su que toi, Emmanuelle, au ciel, tu n'avais pas oublié nos souffrances sur terre.
J'ai confiance en toi.

Tu n'es plus là.
Mais tu es encore là.
Tu me portes dans l'invisible.
Je te parle le jour et la nuit tu me visites en rêve.
Tu me dis souvent :
— Sara de mon cœur, *yalla* ! La vie est belle à travers tout !
L'amour est plus fort que la mort !

« Notre banc d'éternité »
Post-scriptum de l'Ami Jean

> « Qui vit sans folie n'est pas si sage qu'il croit ! »
>
> La Rochefoucauld

Mon dialogue avec sœur Emmanuelle ne s'est pas éteint le soir du 20 octobre 2008. Il est même devenu plus constant et se poursuit chaque nuit dans le silence. Il scintille avec les étoiles.

Parmi les souvenirs de celle qui fut aussi ma mère, il est une photo que je contemple avec plus d'émotion que les autres. Quand je la regarde, j'ai le sentiment que nous conversons tous les deux, sur notre banc d'éternité[1]. Un sourire illumine notre visage. Le même sourire. Car notre cœur bat à l'unisson. Nous sommes animés de la complicité

---

1. *Cf.* photo n° 14 du cahier central.

qui, pendant trente-cinq années, nous a unis au service des *zabbalin*, devenus au fil du temps mes frères et sœurs.

Quelle grande famille ! Je n'aurais jamais imaginé avoir tant de proches. Être le père de tous ces jeunes qui, un jour, me dirent que j'étais leur deuxième papa. Donner mon prénom à tant de petits Égyptiens d'Ezbet-el-Nakhl et du Mokattam, que leurs parents ont appelés Jean en souvenir de l'Ami Jean.

Quelle émotion la première fois ! Myriam, jeune chiffonnière, réussit son bac en 1999, puis entreprit des études et obtint quelques années plus tard une maîtrise de sociologie. Elle confia un jour à un journaliste :

— Je suis une fille comblée ! J'ai trois mères : ma maman naturelle, sœur Emmanuelle et sœur Sara. J'ai aussi deux pères : mon papa naturel et Jean.

Je l'entends encore prononcer ces paroles dans un français hésitant, avec un accent chantant, très agréable. J'ai essuyé quelques larmes et je peux dire que je suis fier de ma fille égyptienne. En 2004, elle fut très heureuse de me montrer sa bague de fiançailles. Elle était amoureuse d'un professeur d'éducation physique de notre lycée Basma dont je soutins la création depuis le début. Le mariage était prévu dans six mois. Mais son fiancé lui dit quelques jours plus tard qu'une fois mariés, il souhaitait qu'elle soit moins au service des autres et prenne plus soin de lui. Ma fille n'apprécia pas cette restriction à sa liberté.

Première au bidonville du Mokattam : Myriam rompit sur-le-champ ses fiançailles ! Cela ne s'était jamais vu. À l'aube du XXIe siècle, la libération de la femme était devenue une réalité. Non seulement Myriam n'avait pas été *troquée* à 12 ans contre du bétail et une carriole, mais elle put choisir librement son mari. C'est ainsi qu'en 2005 elle épousa un expert-comptable, dévoué et ouvert aux autres. Elle me fit l'honneur d'appeler Jean son fils aîné. Je suis donc père et grand-père dans la nouvelle génération de *zabbalin*[1].

En évoquant ces souvenirs, je vois tant de visages ! J'entends fuser les éclats de rire des enfants, leurs cris, parfois leurs pleurs. Je vois la vie, j'entends la vie qui se transforma au fil des ans dans les anciens bidonvilles devenus des quartiers où il fait bon vivre. En contemplant la joie qui nous éclaire, sœur Emmanuelle et moi sur notre banc d'éternité, je me souviens que notre joie avait au bidonville un pouvoir particulier. Celui de faire naître la joie dans le cœur des autres. C'est une joie qui était plus grande que nous et se multipliait.

---

1. *Cf.* photo n° 9 du cahier central.

Dans le sourire que nous échangeons, je lis également la confiance. Celle qui s'établit très vite entre nous puis diffusa autour de nous – parmi toutes les personnes qui prirent part à notre aventure. Ce fut une cordée d'espoirs communs, de combats acharnés, de victoires qui dépassèrent nos rêves les plus fous.

Bien souvent je me remémore la conversation que j'eus avec sœur Emmanuelle en juin 1993.
Elle est à un tournant de sa vie. Sur ordre de ses supérieures, elle quittera dans quelques jours sœur Sara et ses amis chiffonniers qu'elle aime tant pour une maison de retraite dans le sud de la France. Elle a accepté cette décision qui contrarie son désir de finir ses jours dans le bidonville, car elle se veut fidèle à sa promesse d'obéir à sa hiérarchie religieuse. Au moment de partir, elle se fait le souci d'une mère pour sœur Sara et tous ceux qu'elle laisse au bidonville. Que vont-ils devenir ? Qui va prendre soin d'eux ?
Après m'avoir exprimé son inquiétude et ses craintes pour l'avenir, elle me dit pour finir :
— Écoute, Jean, maintenant vraiment je te confie sœur Sara. Puisque tu ne m'as jamais rien refusé, je te prie de la soutenir et financièrement et pour les œuvres et pour tout.
Sœur Emmanuelle ne me demande pas mon accord. Elle sait qu'il lui est acquis depuis ma pro-

Post-scriptum de l'Ami Jean

messe de toujours lui dire « Oui », faite près de vingt ans auparavant. Je réponds :

— Il n'y a pas de problème, sœur Emmanuelle. Vous pouvez rentrer en France tranquille. Sara est ma petite sœur. Je l'aiderai comme je vous ai aidée.

Je n'ai pas cessé depuis d'accompagner sœur Sara dans la continuité de l'œuvre qu'elle a développée admirablement, fidèle à l'esprit qui fut celui de sœur Emmanuelle.

Aujourd'hui je suis entré dans mon quatrième quart de siècle. Je sens le poids des ans. En regardant la photo sur notre banc, j'entends la voix chère et familière de sœur Emmanuelle, une voix que je reconnais entre toutes. Elle ne me parle pas du passé. Mais de l'avenir qui se dessine au-delà de mes jours. Avec gravité, elle me pose cette question :

— Jean, est-ce qu'à mon exemple tu as su préparer ton *après* ?

Je me réjouis de pouvoir lui dire, grâce à l'action de tous les membres de l'association Opération Orange qui entourent sœur Sara :

— Oui, sœur Emmanuelle. La cordée qui assurera l'ascension de votre œuvre, qui aidera celles et ceux que vous nous avez confiés, a de plus en plus de participants. Ils sont solides, dévoués et efficaces. Parfois, je les trouve trop prudents, pas assez contaminés par votre folie d'amour.

Je propose alors à sœur Emmanuelle :

— De notre banc où nous contemplons l'éternité, donnons-leur quelques conseils... ?

Voici, amis, ce qu'aimeraient vous dire sœur Emmanuelle qui est dans « la vraie vie » et son Ami Jean, au soir de son existence embellie de tant de rencontres :

— Posez-vous moins de questions, les réponses suffisent !

— Lisez, relisez ce livre de sœur Sara, vous y puiserez force et confiance, en particulier dans son Épilogue.

— Comme les oiseaux de l'Évangile, ne vous souciez pas trop du lendemain.

— Amassez des trésors dans le ciel, comme le conseille saint Matthieu. Une sourate du Coran le confirme : « Trois choses accompagnent le défunt à sa dernière demeure : ses proches, ses biens, ses œuvres. Deux s'en reviennent. Une seule reste ! »

— Comme moi, contentez-vous, soyez fiers de n'être que des *bailleurs de fonds* pour ceux à qui sœur Emmanuelle a confié son œuvre sur le terrain.

— Méditez ces maximes, j'ai oublié l'auteur de la première, la seconde est de La Rochefoucauld :

« Si seule la raison gouvernait le monde, celui-ci serait très ennuyeux et surtout il n'avancerait pas ! »

Post-scriptum de l'Ami Jean

« Qui vit sans folie, n'est pas si sage qu'il croit ! »

Et mon dernier mot sera pour dire à quel point j'aimerais que vous tous, amis lectrices et lecteurs de ce livre, deveniez de grandes sœurs et de grands frères pour ma petite sœur Sara. Des frères et sœurs dévoués et confiants.

Yalla ! La vie est belle sur les chemins du cœur, avec sœur Emmanuelle !

L'Ami Jean de sœur Emmanuelle
donc le vôtre !
le 20 août 2009

ANNEXES

Opération Orange de sœur Emmanuelle
Son histoire en quelques dates

Printemps 1974 : Jean Sage, géographe et chef d'établissement dans l'enseignement secondaire, est le premier Européen à visiter sœur Emmanuelle dans son bidonville du Caire. Elle partage la vie de 4 500 chiffonniers depuis déjà trois ans. Elle a 65 ans. « Sœur Emmanuelle, je vous promets de vous apporter tout ce que vous me demanderez ! » lance le futur « Ami Jean », bouleversé parce qu'il a vu, dans un pari complètement insensé : faire et apporter à sœur Emmanuelle tout ce qu'elle souhaiterait.

Automne 1975 : Arrivée de sœur Sara au camp de chiffonniers d'Ezbet-el-Nakhl. Celui qui est devenu l'Ami Jean l'inscrit dans son fabuleux pari.

1981 : Installation de sœur Emmanuelle et de sœur Sara au camp de chiffonniers du Mokattam qui compte 20 000 habitants (23 000 aujourd'hui).

1985 : Extension au Soudan. Les enfants des rues de Khartoum sont pris en charge ; ils sont quelques centaines en 1985. Rapidement, 25 000 sont recueillis dans les *rakouba* (écoles de roseaux). Ils sont près de 52 000 aujourd'hui dans les diverses structures d'accueil.

1987 : Extension vers le bidonville de Meadi Tora, 2 000 habitants, aujourd'hui 4 000.

Mai 1989 : Sœur Emmanuelle demande une orange par semaine pour chacun des 25 000 enfants des *rakouba* pour un apport en vitamines. L'équipe de Jean Sage relève le défi et prend le nom d'Opération Orange.

Juin 1991 : Appel de sœur Emmanuelle pour le Liban. Elle demande d'y intervenir pour sauver des bébés que les mères ne peuvent plus nourrir faute de lait.

Mai 1993 : De sa retraite vouée à la prière, sœur Emmanuelle confie sœur Sara à son ami Jean, en lui demandant de poursuivre son pari pour les milliers d'enfants d'Égypte, du Soudan et du Liban.

1995 : Inauguration du lycée Basma au Mokattam.

1998 : Trois des cinq premiers bacheliers du Mokattam suivent des cours à l'université.

1999 : Inauguration du jardin d'enfants au Mokattam.

2001 : Quarante-cinq bachelières du Mokattam inscrites à l'université du Caire.

2002 : Inauguration de la clinique Princesse-Grace au Mokattam.

2004 : On fête les trente ans du pari de Jean Sage, pour lequel nous sollicitons de plus en plus d'amis, car ce pari jamais perdu ne sera jamais gagné définitivement.

2005 : Démarrage de l'extension de l'école du Mokattam, comprenant six classes de maternelle, deux classes pour handicapés, une garderie pour les bébés, des salles pour le club de la femme : alphabétisation, maîtrise de la fécondité, formation à un métier, cours de cuisine, gestion du ménage, couture, mais aussi gymnastique, conférences, etc. Voyage de sœur Sara et de l'Ami Jean au Soudan où ils rencontrent Kamal Tadros et constatent le drame que vivent des centaines de milliers de victimes oubliées du monde.

2006 : Inauguration de la Maison de la Femme au Mokattam. Augmentation du soutien aux dizaines de milliers d'enfants démunis du Soudan. Trois fois vingt ans pour sœur Sara. Son cadeau d'anniversaire : que l'Opération Orange soit de plus en plus efficace pour ses enfants d'Égypte et du Soudan.

2008 : L'aide au Soudan s'est accrue, elle permet de développer des centres de formation professionnelle dans le sud du pays.

Au Mokattam, trente-cinq élèves supplémentaires ont pu aller au lycée et à l'université grâce à la Fondation Orange de France Telecom.

Pourquoi soutenir l'Opération Orange de sœur Emmanuelle ?

Total bénévolat de tous les membres de l'association :

Limitation des frais : la vente d'artisanat et du livre *Histoire d'un pari*, et le remboursement des frais de déplacement permettent aux dons et à l'aide à la scolarité d'arriver sur le terrain dans leur intégralité. Notre double objectif :

- Apporter de quoi vivre aux enfants que sœur Emmanuelle nous a confiés.
- Apporter à nous, les nantis, et surtout aux jeunes, des raisons de vivre.

Priorité des priorités à l'éducation de façon à :

- Apporter aux femmes dignité et liberté ; les rendre, en particularité, maîtresses de leur vie et de leur fécondité.

- Amener ceux que sœur Emmanuelle nous a confiés à l'autonomie. Refus du simple assistanat. Rendre de plus en plus vraie l'heureuse et fière affirmation de sœur Sara : « Hier on travaillait pour eux, aujourd'hui on travaille avec eux. » C'est la meilleure façon de « sauver le Sud », afin de « préserver le Nord ».

Confiance dans les autochtones choisis par sœur Emmanuelle pour poursuivre son œuvre :

Ils ont l'initiative des projets, ils utilisent et gèrent les fonds que nous leur envoyons, ce qui ne les dispense pas d'avoir à justifier de leurs décisions.

- Sœur Sara et la congrégation des Filles de Marie pour le Mokattam, en Égypte.
- Père Sabeh pour les dispensaires du Liban.
- Kamal Tadros et St Vincent de Paul Society pour nos actions au Soudan.

**Pour rester efficace,
notre action se concentre dans trois pays :**

- Au Liban, nous aidons dix-huit dispensaires et nous soutenons la scolarité des enfants les plus pauvres.
- Au Soudan, l'aide multiple est centralisée par l'association suisse des Amis de sœur Emmanuelle (www.asase.org) : *baby-feedings* (l'alimentation d'un enfant revient aujourd'hui à 60 €/an),

Pourquoi soutenir l'Opération Orange...

où des milliers d'enfants sont nourris dans les camps des réfugiés autour de Khartoum, programme médical, apport d'eau, formation professionnelle, enfants des rues...

– En Égypte, la scolarisation des enfants et plus particulièrement des filles, reste notre priorité : 1 300 élèves sont accueillis. La clinique (Monaco Aide Présence) a été construite au Mokattam, le tétanos a été éradiqué, la Maison de la Femme, symbole de leur libération, a été ouverte en 2006.

Note : au Mokattam, chaque famille finance 50 % de la scolarité de ses enfants, l'autre moitié est assurée par l'Opération Orange...

DEVENEZ PARRAINS DE CES ENFANTS...

Quelques adresses utiles :

Site internet : www.operation-orange.org

Courrier : Patrick Cuinet – Opération Orange
22, chemin du Setty – 26 800 Étoile
Tél. : 00 33 (0)4 75 60 05 08

Dons à : Colette Harlez – Opération Orange
7, allée des Jonquilles
69 550 Amplepuis

Chèques libellés à l'ordre d'Opération Orange ou CCP LYON n° 1246090 V.

Reçu fiscal automatique, donnant droit à un crédit d'impôt égal à 66 % de votre versement.

Table

I.
Je te connais depuis toujours

1. Notre rencontre	11
Couvent de Béni Suef, novembre 1975	11
Tu ne cesses de me surprendre	18
Toi, l'étrangère, proche de l'humanité qui souffre	20
Une communion d'âme	23
Mgr Athanasios	24
Le secret du cœur de Jésus	31
Les palmiers s'inclinent devant les êtres saints	33
Au bidonville de La Palmeraie	35
Je rends grâces à Dieu qui se donne à travers toi	39
« Venez à moi, les bénis de mon Père ! »	41
La décision de partager ta vie	45
Mon arrivée chez les chiffonniers	49

Une plénitude d'amour 52
La première nuit dans ta cabane 55
Mise à l'épreuve 62

2. Dieu m'appelle 65
Souvenirs lumineux de mon enfance 65
Une communion avec l'univers 70
Joies d'autrefois 73
Ton enfance volée 77
Mes parents 78
Mes deux mères 82
Mutilations barbares 85
Mes études 91
Une éducation du cœur 97
J'ai grandi sous le regard d'amour de Jésus .. 100
Dieu m'appelle 107
Je deviens sœur Sara 114

II.
Tes saintes colères

1. Nos trois montagnes 119
Partager la pauvreté 119
Tu rayonnes le Christ 126
Ta rencontre avec les *zabbalin* 129
Labib se souvient de toi 138
Vive la mariée ! 140
Tes noces de joie 142

Table

Ils t'ont évangélisée.................................	145
La foi des chiffonniers...............................	147
La croix et le croissant..............................	149
Nos trois montagnes................................	152

2. Tes saintes colères..................................... 161

« Nous sommes tous des assassins »............	161
Après Job et Jésus, tes saintes colères..........	165
Hold-up annoncé par une religieuse	169
« Je me bats pour en faire des hommes et tu en fais des mendiants »	172
Tes victoires	178
Ton impossible permis de conduire.............	180
Des cafards clandestins..............................	187
« Sara s'entendrait bien avec le diable ! » ..	192

3. La réalité a dépassé nos rêves les plus fous............................ 199

Changer les mentalités..............................	199
Une succession de miracles........................	203
Des interventions miraculeuses	207
Mimi Tamam, une rencontre providentielle..	210
Le Dr Adel, envoyé par la Vierge de Zeitoun	219
Le miracle du cabinet dentaire....................	224
L'avenir s'ouvre devant nos enfants............	226
La Maison du Bonheur	232
De La Palmeraie au Mokattam et à Meadi Tora	239
Détresse au Soudan...................................	246

1993, la relève 252
Le lycée Basma
   ou la libération de la femme 256

Épilogue
L'amour est plus fort que la mort

La douleur du Mokattam 267
Tu es vivante de la vie du ciel 270
Nous te disons adieu 274
Tu continues de nous aider 276
Une chapelle Sœur Emmanuelle 277
Les défauts de tes qualités 280
Tu me portes dans l'invisible 284
J'ai confiance en toi 287

« Notre banc d'éternité »
   Post-scriptum de l'Ami Jean 289

Annexes

Opération Orange de sœur Emmanuelle.
   Son histoire en quelques dates 299
Pourquoi soutenir l'Opération Orange
   de sœur Emmanuelle 303

Pour en savoir plus
sur les Presses de la Renaissance
(catalogue complet, auteurs, titres,
extraits de livres, revues de presse,
débats, conférences…),
vous pouvez consulter notre site Internet :

www.presses-renaissance.com

Cet ouvrage a été imprimé en France par

CPI
Bussière

à Saint-Amand-Montrond (Cher)
en septembre 2009
pour les Éditions Presses de la Renaissance
12, avenue d'Italie
75013 Paris

Composé par Nord Compo Multimédia
7, rue de Fives, 59650 Villeneuve-d'Ascq

N° d'édition : 539. — N° d'impression : 092615/1.
Dépôt légal : septembre 2009.